大夏书系·教师专业发展

学习共同体

走向深度学习

陈静静 —— 著

School as
Learning
Community

华东师范大学出版社
ECNUP
全国百佳图书出版单位

教育部重点课题"基于学生深度学习的教育生态重构"
（课题编号：DHA190381）的成果

目 录

代序 /
学习对我们来说意味着什么　001

第1辑
课堂的困境与变革：从浅表学习到深度学习

第一章　课堂的困境　003
虚假学习与浅表学习　004
课堂困境的归因分析　007
课堂变革的方向：促进每一位学生的深度学习　010

第二章　中小学课堂平等的学习权　019
我国中小学课堂中学习权的迷思　019
营造温暖、润泽的倾听关系：彼此平等　021
创设公平共赢的学习机会：均等机会　026

第 2 辑
让学习真实地发生

第一章　课堂观察：揭开学习的奥秘　033
观察目的：从"观摩—评价"取向到"观察—自我反思"取向　034
观察焦点：从观察执教教师的教学过程到观察具体学生的完整学习历程　035
观察深度：从观察学生外在表象到探究学生的真实世界　036
深入情境：阐释学生学习的关键事件　037
课后研讨：根据动态学情改进教学设计　042

第二章　如何保障每一位学生的高品质学习　046
教学的起点：真正了解学生的已知与未知　046
真实学习从学生安全地说出"我不懂"开始　051
什么是高品质的课堂
——《佐贺的超级阿嬷》　057
学习共同体与"小组合作学习"的本质区别　079

第三章　深度学习培养创新素养　088
创新素养的认识误区与实践困惑　088
创新概念的拓展与深化：创新无处不在　090
儿童创新素养的模型建构、阶段特征与发展类型　091
创新素养的培育：保障每位儿童高品质的学习　101

第3辑

指向深度学习的高品质学习设计

第一章　高品质学习设计及其指向　107
学习设计的概念分析　107
高品质学习设计的指向　108

第二章　高品质学习设计的要素与模型：宏观取向　112
以学生的学习需求为中心，以深度学习为目标　112
多元化学习环境与资源让学习丰富而生动　113
构建自治互信的人际关系，促进自主化学习　114
真实挑战的学习任务形成创造性学习成果　115
信赖共生的文化氛围是高品质学习设计的保障　115

第三章　高品质学习任务设计：微观取向　116
问题驱动：教学内容转化为学生自主问题解决　116
大概念（big idea）整合：在学科系统中确定明确的优先次序　118
逆向设计（backward design）：从目标概念到任务设计　121

第四章　高品质学习设计的迭代与更新　124
学生学习方式：被动参与—自主参与—自由探索　125
学习任务：基础性任务—挑战性任务—创造性活动　125
与学科的关系：学科内学习—跨学科探索—真实问题解决　126
教师专业发展：教学执行者—学习设计师—课程创造者　127

第五章　学习设计的载体：学习单　128
学习单的作用　128
高品质学习单的设计　128

第 4 辑

高品质的学习设计：
学科课例深度剖析

第一章　如何从课堂观察中学会发现
　　　　　——课例《雁》　135
每一件小事都可能影响学生的心理安全　136
学生多次触摸文本，阅读和思考在曲折地深化　138
同伴交流：学生通过交流来确认、修订观点，深化学习　141
公共发表：认真倾听、记录和不断返回文本的重要性　144
总结提升：提出新线索意犹未尽，新结局设定突出了情感共鸣　147

第二章　如何通过彼此倾听深化儿童对文本的理解
　　　　　——《月光曲》观察笔记　154
观察学生学习历程，撷取其中关键事件　154
对学生学习的关键事件的分析所获得的新发现　161

第三章　细心编织，化茧成蝶
　　　　　——我从陈佳老师的课堂上学到的　168
精巧的学习单设计，让学生留下真实的学习痕迹　168
让所有学生都有机会发言，学生感受到老师的公平　169
记住字词，原来还可以有这么多方法　170

第5辑

专家型教师成长：
成为自我革新的领航者

第一章　学习共同体中的领航教师　175
持续的学习力　176
一流的实践力　179
坚定的变革力　180
持久的研究力　183

第二章　教师实践性知识的形成与发展　185
基于个体生活史的独特建构　185
基于实践共同体的意义协商　188
基于多元反思的持续更新　191

第三章　早期受教育经验对新手教师实践的影响　195
早期受教育经验是新手教师教学的重要参照　195
早期受教育经验影响新手教师对教育情境的认知与判断　198
早期受教育经验可能成为"熟知的陷阱"　201
走出早期受教育经验的桎梏，走向专业判断与行动　204

第四章　领航教师的课堂进化史
　　　　——《百合花开》同课异构　206
百合花为什么没有开　206
百合花静悄悄地开放　211
百合花开成了百合谷　217
课堂进化原来是这样展开的　218

后记 /
学习共同体：走向深度学习
　　　——十年回顾与未来展望　223

学习对我们来说意味着什么

代序

"学习"日益成为教育研究的重要领域,很庆幸我对这个领域一直保持着浓厚的兴趣。对于这个问题最初的关注源于我自己的人生经历。我做过20多年的专职学生,在多年的求学生涯中,我看到了两种看似不同却又彼此相通的人生。一种是所谓的困难生,他们在学校里没有归属感,没有表达的机会,常常被遗忘,很快就体会到学习的痛苦,然后被更高层次的学校以"考试不合格"的名义拒之门外,从此与学习绝缘;一种是所谓的优秀生,他们因为"成绩好"而获得各种机会,在学校和班级也有更多的话语权,在严酷的学业竞争中取胜,获得了大学以及更高学府的入场券,与此同时,他们觉得这样辛苦地学习除了拿到文凭以外没有什么意义,于是满足于现状,不肯再前行。后者看似取得了学业的成功,但同样将学习看作痛苦的事情,"逐渐放弃学习和探索"。这些引发了我深深的思考。

2009年我博士毕业,进入上海浦东工作,从此开始了十多年的行动研究生涯。当我真正走进学校,进入课堂的时候,我的困惑并没有减少,反而在不断增加。十多年来,我观摩了3000多节课,囊括了各个学科和学段,观察了5000多位学生的完整学习过程,并通过各种方式对他们的学习过程进行了分析,与老师们共同进行教学改进的探索。从刚开始一个人的观察,逐渐形成了一个越来越大的团队，为了让老师们尽快掌握课堂观察和研究的方法，我们将自己的实践进行了总结提炼，形成了新课堂研究的方法——基于焦点学生完整学习历程观察与关键事件分析（Learning-Process Observation and Critical Incidents Analysis，简称 LOCA Approach），这是一种适用于个体教师和研究者的，在自然状态下可以独立完成的，能够迅速剖析学生的学习状态和成果，并据此进行课堂改进的有效方法。

在进行大量课堂观察的过程中，我们开始逐渐打开学生学习的"黑匣子"，揭开了课堂教学中关于"学习的迷思和困惑"——课堂中为什么学习困难的学生越来越多？为什么有些学生在小学和初中成绩很好，但到了高中，突然成绩下降或厌学？学生为什么没有持续的学习兴趣？为什么学生成绩很好却没有创新能力？解决这些难题的线索一点点被找到了。因为找到了这些问题的症结，我们开始和老师们一起进行各种教学新尝试，我们尝试如何让学生的学习真实地发生，让那些厌学的学生重新进入学习状态，让那些追求表面成绩和完成度的学生更加自主地、持久地深度学习。

正是基于对学生学习本质的观察和深刻理解，我们很多课堂变革的尝试不断取得成功，我们将其称为"学习共同体"（School as Learning Community）的课堂变革，即学生通过自主的、协同的学习，不断探索未知世界的过程。现实确实不完美，但也不是完全无计可施，对我们来说，最关键的方法就是要走进课堂，走近每一位学生，和老师们一起分析问题，寻求解决方案——一切答案都在教育的现场！

因为被这样有趣又有意义的研究吸引，我们的研究伙伴越来越多。我们正是被课堂上大量不确定的问题情境吸引，每一个人如同在参与一场探险寻宝活动，为揭开最后的秘密而不断寻找通关密码。对我个人而言，我觉得自己人生的真正学习才刚刚开始，我从来没有如此投入而欣喜地学习过。没有人告诉我任务是什么，也没有人告诉我应该怎么做，也不知道最后会取得怎样的成果，也没有人来考核我，而我完全没有考虑为此而付出的时间和精力，也完全没有考虑什么时候可以出成果或者有建树，只是在做一件自己真正喜欢的事情，如同"游戏成瘾者"一样，每一天都在"心流体验"之中，这或许才是真正的深度学习！

现在，我们似乎已经不去刻意区分教师、学生，还是家长，在不同的场景中，人的角色都是在不断变换的，我们所要研究的就是每一个人如何学习，如何让每个人都有机会体会学习的快乐和幸福，而每个人可以成为研究者，为深度学习的研究贡献自己的力量。我们要做的不是推广一种方法，而是唤醒每一个人参与到教育生态的重构当中来，教育本来就应该充满生机、创意和乐趣，我们只是想让教育回到其本来的样子，这也是学习共同体的真谛。每个人从我出发，与伙伴一起，走向更好的自我，创造更美好的世界，学习就是通向这个美好世界的旅程，不，或许学习就是生命本身！

陈静静

第 1 辑

课堂的困境与变革：
从浅表学习到深度学习

课堂的困境

第一章

2015 年 PISA（Program for International Student Assessment，国际学生评估项目）测试，中国四省（市）学生取得了数学第 6 名、科学第 10 名、阅读第 27 名的成绩。上海市教育科学研究院陆璟研究员对 2015 年的 PISA 成绩结果进行了深度解读，提出：中国四省（市）科学素养低于 2 级水平的学生占 16.2%，数学素养和阅读素养低于 2 级水平的学生分别为 15.8% 和 21.9%。更为严重的是，中国四省（市）有 10.9% 的学生在科学、数学和阅读三个领域低于 2 级水平，这些学生在适应未来工作和生活时会遇到较大的困难，需要接受补偿教育才能适应。考虑到我国人口基数大，这一负担是相当重的，必须引起重视。[①] 如此多的学习困难的学生是如何形成的？这使得我们必须对课堂教学进行深刻的检视和反思。

我在近十年的田野工作的过程中，对数千个课堂的学生学习过程进行了基于证据的跟踪观察，全面收集、分析焦点学生学习过程的海量信息。通过对学生学习过程中的表情、动作、言语，对教师提问的反应，与其他同学的互动，学习过程中独特观点、学习风格、学习状态的变化过程、学习成果等的观察，从而形成对个体学生学习历程的"完整证据链"，并以此来反观和反思教学。虽

---

① 陆璟. 全面、客观地认识中国教育的成就与不足——PISA 2015 结果深度解读 [J]. 人民教育，2017（2）：25–32.

然每节课都只观察个体学生,但是如果保持高频度、持续性地观察,学生学习的"黑匣子"就会真正打开。我发现中小学课堂上虚假学习、浅表学习的学生大量存在,造成了学习困难的学生不断增加,厌学学生的比例不断攀升,这是我国当前课堂最大的困境。

虚假学习与浅表学习

所谓虚假学习就是"假装学习",实际上根本没有真正进入学习状态,学生采用各种"伪装"的方式来蒙蔽老师,进而逃避学习。虚假学习的情况从小学三年级左右开始大量存在,一直持续到初中二年级左右,虚假学习的学生逐渐沦为学困生。虚假学习的学生往往对学习的内容缺少兴趣,没有掌握学习的方法,跟不上教师教学的节奏,但是为了避免教师的惩罚,会采用"假装学习"的方式来逃避。虚假学习的学生往往会表现出非常遵守纪律,比如坐姿非常端正,对教师察言观色、与教师高度配合、紧跟教师的步调,不对教师的教学进度造成任何干扰。但是如果仔细去观察这些学生,会发现他们存在假装写字、假装读课文、不懂装懂等一系列"自我伪装"的行为表现。教师在上课的过程中会感到非常顺利,对学生的表现也比较满意,于是,教学进度越来越快。但是到了考试阶段,这种虚假学习的学生就会暴露出来。

在对学生的学习过程进行观察的过程中,我以长时间、近距离观察的方式,从一节节课中一个个学生的具体表现入手,并结合学生的个人生活史的考察,对学困生的学习过程进行了深入探讨,并建立了"学困生成因模型"。几乎所有的学困生都经历了这样的蜕变历程:投入学习—遇到困难—发求救信号—无回应—未完成学习任务—受到负面评价—失去信心—放弃。具体见图1。

学生很难通过自身的力量打破这个死循环。在以教师讲授为主的课堂上,教师也很难发现学生所发出的"求救信号",学生的学习状态如何,教师往往是

图1 学困生的成因模型

不知情的,因此,教师没有办法回应学生的"求救",学生和学生之间也不允许互动,所以,学生一直处在孤立无援的状态,他们完不成学习任务,而且每一节课几乎都有大量的新任务压下来,学生越来越感到无能为力,越来越害怕上课、害怕学习。同时,学生还要承受来自教师、家长,甚至同伴的批评或惩罚的压力,不堪重负的学困生越来越难以承受,直至最后放弃。

心理学家卡尔·罗杰斯(Carl Ranson Rogers)将这些学生称为"课堂上的观光者",这些"观光者"很少被教师点名,也很少主动举手与大家分享信息。他们尽量坐在教室的最后面,隐藏自己,逃避课堂活动。有些"观光者"常常受到教师的斥责,因为不能及时完成作业而很少参加课外活动,并且在班中通常被孤立。在教师与"观光者"之间形成了一种默契:"别管我,我也不会打扰你。"那些被冷落的学生变成了"观光者",从不参与,从不兴奋,也未被看中,仅仅待在课堂上而已。①

对不同学段的学生进行课堂观察的过程中,我们发现了学困生逐年增加的现象,"隐性学困"不断转化为"显性学困",低年级遗留下来的学习困难一直

---

① [美]卡尔·罗杰斯、杰罗姆·弗赖伯格. 自由学习[M]. 王烨晖,译. 北京:人民邮电出版社,2015:16.

没有得到解决导致学生到了高年级越来越跟不上。小学阶段大量的"隐性学困"进入初中，当学习任务的难度和要求提高以后，这些学生的真实学习能力就暴露出来。普通初中二、三年级的学生开始放弃"伪装"，不再掩盖，而是表现出完全放弃——"趴睡"等现象开始大面积出现。九年义务教育结束以后，大批学生都对学习完全失去了兴趣，这些学生被中考挡在门外，作为"不合格产品"被淘汰出局。

浅表学习的"伪学优生"逐渐沦为学困生。学生浅表学习的情况在课堂中也非常普遍。浅表学习是一种以完成外在任务、避免惩罚为取向的学习行为，以机械记忆和反复操练为主，缺少深度思维加工，因此学习成果多以复制为主，难以迁移和深化。浅表学习的学生完全按照教师的指令行事，教师所讲的话都认认真真记录下来，即使教师讲错了，学生也不会质疑，如同一台不知疲倦的"复印机"。但是，如果教师提出了比较有挑战的问题，这些学生就不太愿意去思考，而更多的是等待其他人或者教师给出现成的答案。在小学阶段，浅表学习的学生成绩一般是比较好的，也可能是教师眼中的学优生，但是，随着学年的不断提高，特别是到了初中二年级以后，开始出现学习困难和成绩下降的趋势，到了高中阶段，学习难度进一步提高，这些学生会表现出学习成绩"断崖式下跌"，学习状态急转直下。

"伪学优生"的产生主要是由于学习内容的挑战性不高和学习方法不当造成的。从教育目标的角度来说，1956 年本杰明·布鲁姆（Benjamin Bloom）将教学目标分为"知识、理解、应用、分析、综合、评价"六个层次，而他的学生洛·安德森（L. W. Anderson）对这六个层次进行了重新修订，将其归纳为"记忆、理解、应用、分析、评价、创造"。"记忆、理解、应用"被称为低层次目标，而"分析、评价、创造"被称为高层次目标，其中"创造"作为教育目标的最高层次，具有最高的动力价值，即以最高层次的"创造"作为教育目标取向，则其他五个层次的目标将会相应地达成；但如果仅仅以"记忆、理解、应用"这些低层次的教育目标为导向,就无法自然达成高层次的教育目标。我们的学校长期进行的以知识传递为取向的教育就是以"记忆、理解"为主要策略的方法,难以产生高品质的思维成果,所以"伪学优生"才会不断蜕变,最后甚至沦为学困生。

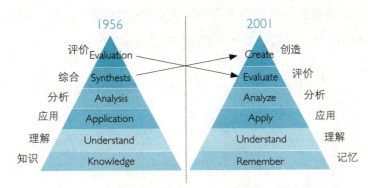

图 2　教学目标分类与演变图示

课堂困境的归因分析

在大量观察和调研的基础上,我们可以看到随着学段的升高,学困生的比例不断增加。从小学到高中,会有近四分之三的学生陷入学困生的境地,并最终被排除在教育系统之外。因此,可以说,我们的基础教育制造了大量的"学业失败者"和"学校不适应者",这是教育资源和人才资源的巨大浪费。为什么会造成这样的结果呢?根据我的分析,这与我们的课堂教学生态和方法有着正向关联。

一、学生真实的学习历程:缓慢而复杂

学习在什么情况下会真实地发生?这是我们需要重新探讨的问题。学习是对未知世界的探索过程,是从问题情境出发,去寻找答案的过程。学习是以问

题解决为导向的复杂的思维和互动过程。杜威（Dewey）从思维产生的过程角度阐释了"学习的历程"，思维的过程是一种事件的序列链条。这一生产过程从反思开始移动到探究，再到批判性思维，最后得到比个人信仰和想象更为具体的"可以实证的结论"。思维不是自然发生的，它是由"难题和疑问"引发的，而正是"解决方案的需要"，维持和引导反思性思维的整个过程。思维的发生就是反思—问题生成—探究、批判—解决问题的过程。①

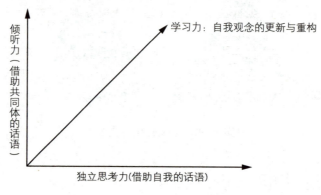

图3 学习力模型的重构

佐藤学借助社会建构主义对"学习"进行界定，提出"学习"是以语言为媒介构建意义的语言性实践；"学习"是问题解决过程中的"反思性思维即探究"；"学习"是在具体活动中的"社会交往"；"学习"是持续地构建自我与社会（同一性与共同体）的实践。② 在此过程中，我们能够看到儿童是以语言为媒，并借助互助关系，不断进行反思性思维和社会化实践而发展的。学习的过程是在"自我"与"共同体"的张力中不断重构的过程。

学生的学习动机最初产生于"学习困境"，在不同学科情境下可能表现为

---

① 王帅.国外高阶思维及其教学方式［J］.上海教育科研，2011（9）：31-34.
② ［日］佐藤学.学习的快乐——走向对话［M］.钟启泉，译.北京：教育科学出版社，2004：51-64.

"迷思概念""戏剧冲突"或"两难困境",这种不能解决、不能突破、不能澄清的状态就是所谓的"认知冲突",这是一种强烈的心理矛盾状态,并引发探究冲动,不断寻求解决方案。这个过程主要包括冲突、理解、分析、试错、验证、修正、重构等一系列思维活动,学习者完成头脑中的思维过程以后还要通过社会互动,到他人那里去寻求验证或者寻求新的解决方案,并通过倾听他人,完善自己的方案,从而更好地解决认知冲突,并从中体会到学习的成就感和乐趣,这就产生新的学习动机,从而使学习不断持续和深化。要使学生产生持续学习的内部动机,必须经历复杂的思维、心理和社会过程,佐藤学将学习称为"与客观世界的对话""与他人的对话""与自我的对话",这需要教师在课堂上对学生的学习历程给予专业的、细腻的回应,这是课堂教学真正的价值所在,也是课堂教学的基本规律和原则。

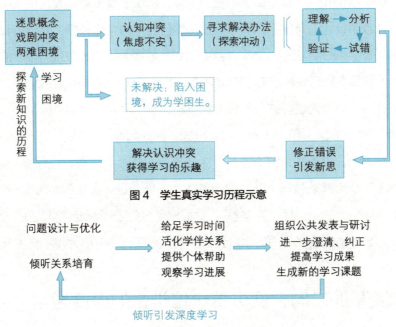

图4　学生真实学习历程示意

图5　教师对学生学习历程的回应

二、高速而压缩化的课堂教学引发普遍性的学习困难

与学生学习过程的缓慢、复杂性形成鲜明对比的是，我们的课堂教学过程往往是高速的、极度压缩化的，具体表现在以下六个方面：

第一，从教学目标的角度看，以知识体系的传授为逻辑起点，较少考虑学生的学习需求，对知识进行打包、压缩，在学生的自我学习需求几乎没有启动的情况下，直接"喂给"学生。第二，从教学内容的角度看，很多教科书的知识与学生的生活差距很大，较少考虑学生的立场、视角，难以激发学生的学习兴趣。第三，教学内容非常庞杂、信息量很大，在教师专业能力不足的情况下，难以进行区分、筛选和归纳，所以会用大量的时间进行刷题。第四，从教学进度上来看，每节课的教学进度几乎都与学生的学习进度之间有较大落差，教师的教学进度完成了，但是学生并没有跟上，学习进展缓慢，积压了很多难以解决的学习任务。第五，从教学设计的角度看，教师往往从如何教学的角度进行"教学设计"，而较少从促进学生的学习角度进行"学习设计"，教师教学内容往往是多、杂、快，很多时间被浪费在已有知识的不断重复上，而真正核心的、有难度的、有挑战的课题则往往没有时间进行充分的思考和解决，学生学习过程中有大量的"不懂、不理解"的"夹生"，但出于对进度的考虑，往往都被掩盖和忽略了。第六，从教学方法上看，以教师讲授为主，学生几乎不主动参与，所有过程都是教师支配，学生只负责被动接受，学生的学习能力不断衰退。自主的思考和探究过程对于很多学生来说是一件"苦差事"，他们宁可坐等老师或者"学优生"给出现成答案。思考的惰性使他们的学习无法深入，真正的学习能力得不到提升。

课堂变革的方向：促进每一位学生的深度学习

学生虚假学习、浅表学习的问题不解决，课堂教学的困境就会越陷越深。

要走出困境，我们的课堂教学必须向能够促进学生深度学习的方向转型。

一、深度学习模型重构

什么是深度学习？1976 年美国学者弗伦斯·马顿（Ference Marton）和罗杰·萨尔乔（Roger Saljo），基于学生阅读的实验，首次提出了"学习层次"的概念，他们发现浅层学习是处于较低的认知水平和思维层次，不易迁移；而深度学习则是处在认知的高级水平，涉及高阶思维，可以发生迁移。

2012 年，威廉和弗洛拉·休利特基金会（The William and Flora Hewlett Foundation）把深度学习阐释为六种相互关联的核心竞争力，即掌握核心学业内容、批判性思维与问题解决、有效沟通、协作能力、学会学习、学术心志。美国教育研究会（America Institutes for Research）将其进一步细化为认知、人际、自我三大领域，从而形成了深度学习在领域维度与能力维度的兼容性框架。

表 1　深度学习在领域维度与能力维度的兼容性框架

领域维度	能力维度
认知领域	掌握核心学业内容
	批判性思维与问题解决
人际领域	有效沟通
	协作能力
自我领域	学会学习
	学术心志

（资料来源：American Institutes for Research. Evidence of Deeper Learning Outcomes［DB/OL］.［2017-04-08］. http://www.air.org/sites/default/files/downloads/report/Report_3_Evidence_of_Deeper_learning_Outcomes.pdf。）

深度学习是基于学习者自发的、自主性的内在学习动机,并依靠对问题本身探究的内在兴趣维持的,一种长期的、全身心投入的持久学习力。首先,从动机情感上来说,深度学习是一种全身心的投入、令人身心愉悦充实的学习状态,学习者常常是忘我的,不知疲倦的;其次,从认知的角度上看,深度学习是思维不断深化的过程,向高阶思维阶段(分析、评价、创造)发展,学习者能够不断自我反思与调节,因此,这样的学习最终是通往自发的创造;最后,从人际关系的角度来看,进入深度学习者对自己的学习充满信心,而且能够与他人有效沟通合作,共同克服困难,解决问题。

我根据自身的观察与研究,结合美国教育研究会提出的"深度学习在领域维度与能力维度的兼容性框架",构建了"深度学习的模型",深度学习的核心目标是"自主创造",在认知领域主要表现为高阶思维和问题解决;在动机情感领域主要表现为全身心投入和自控策略;在人际领域主要表现为自我接纳和协同合作(如图6所示)。深度学习活动会形成一种持续探索的冲动,并将不断深化,深度学习如同"螺旋桨",是一个人成长和发展的巨大动力系统。

图6 深度学习螺旋桨模型

国外的相关研究也表明,与浅表学习法相比,采用深度学习法的学生在较长时间内记住信息的时间更持久,获得的分数更高,对学习过程更满意,能提高批判思维能力并且能更快地整合与表达信息。[①] 我尝试对虚假学习、浅表学习与深度学习三种学习方式进行区分（如表2所示），我们的课堂教育如果能够以所有学生的"深度学习"为目标，保障学生的学习权，那么我们的课堂将会呈现出前所未有的生命力，因此，课堂转型的愿景必将是"保障每一位儿童高品质的学习权"。

表2 虚假学习、浅表学习与深度学习的区别

学习		虚假学习	浅表学习	深度学习
动机情感领域	动机与目标	避免被惩罚	外在学习动机，以完成短期学习任务为目标	内在动机，被学习、探究本身强烈吸引
	情感态度	负面情感，逃避学习	缺乏兴趣，靠忍耐和毅力坚持	全身心投入、充实愉悦、高峰体验、自我控制
认知领域	思维认知	伪装学习，但学习并没有发生	浅层次认知，难以在知识间建立深度联结	对问题或知识的深入理解、高阶思维、问题解决与创造取向
	过程方法	无法持续，过程短暂	机械记忆的方法完成学习任务	自主建构、灵活应用方法，运用元认知策略
人际领域	与他人关系	不愿与他人建立学业上的联系，避免被他人嘲笑或鄙视	以完成短期任务为目标，与他人进行短暂的合作	为了使研究更加深入，愿意与他人形成长期、密切的合作关系
	与自我关系	内心自卑、不愿敞开自我、不想学习	内心自卑，只能与他人建立表面联系，不会学习，自控力不足	内心自信，能够与他人建立深入合作的关系，乐于学习，愿意长期投入、终身学习

二、促进学生深度学习的课堂变革方案

从本质上说，深度学习是一种高度沉浸、不断持续深化、不断扩展延伸的学习方式。

[①] 付亦宁. 深度学习的教学范式 [J]. 全球教育展望，2017（7）：47–56.

深度学习的学习者是沉浸其中，精神高度集中，内心愉悦充实，处于一种"迷恋"和"忘我"状态，心理学上称之为"心流"（flow）或高峰体验（peak experience），因为沉浸其中，所以深度学习者常常忘记了时间和自身的疲劳，能够持续下去，乃至终身学习。

1. 课堂愿景的确立：保障每一位学生都能投入高品质的深度学习

大量虚假学习和浅表学习的存在让我们看到，保障每一位学生的学习权的重要性。让每一位学生在课堂上都能全身心地参与进来，并且能够在教师和学习同伴的帮助下完成高挑战性的学习任务，享受高品质的深度学习，使课堂和学校真正成为学习共同体，从而保障每一位学生的真实的、高品质的学习权，这是实现公平、优质教育的必然选择。

从教育公平的视角来看，从总体上说，我国不断加大教育投入，改善办学条件，使适龄儿童都能够获得教育机会，为儿童的发展提供了公平的起点。但是从课堂层面来说，由于教育教学方法的相对落后，很多儿童在学校和课堂中并没有得到公平的学习机会，多数学生没有真正参与到学习之中，他们只是课堂的"观光者"，多数学生缺少思考的机会、表达的机会、分享的机会，这在一定程度上剥夺了学生的学习权。学生被明确或隐蔽地分成不同的等级，获得不同的学习机会，这使得很多学生在学校中缺乏存在感和归属感，并用"虚假学习"的方式来逃避惩罚，逃避学习，因此，教育公平难以真正落实。

从教育教学质量的视角来看，当前人民群众对高品质的教育有着强烈的需求，我国经济和社会发展也需要大量高质量的人才。但目前提高教育质量的方式还比较单一，从本质上说还是以优质教育资源的集中和选择生源作为最主要的方法，这其实并没有从本质上提升教育教学质量。在义务教育阶段，学生的学习兴趣逐年下降，许多学生因为看不到发展的希望而放弃努力。而在义务教育阶段以后，大量的学生被分流，甚至辍学，教育质量没有得到真正的改观，人才的培育遭遇巨大瓶颈。

因此，教育教学质量的提升要从教育资源集中的外延式发展向提高课堂教学质量的内涵发展转变。课堂作为学生学习和发展的重要场域，我们要为学生提供安心而适宜的学习环境，并通过高品质的学习设计及协同合作的学习关系的建立，从根本上提升学生的学习品质。

2. 课堂氛围的营造：教师的倾听让学生的学习真实地发生

通过长期的观察与调研，我发现那些常常处于虚假学习或浅表学习状态的学困生和"伪学优生"长期处于一种心理不安全的状态，缺乏心理安全感。首先，教师主讲的课堂仍然占主流，教师将已知的知识通过讲授的方式传递给学生，在讲授的过程中，更多地考虑学科的逻辑而难以考虑到学生的学习历程，学生一直处于被动的状态，只能应对和配合，难以形成主动的学习动机。其次，课堂座位多采用"秧田式"或"一条龙"的方式，学生全部面对教师，学生与学生之间互相分隔，较少产生互动，所以课堂氛围比较僵化。课堂上严格的纪律控制让学生处于一种躲避惩罚的应激状态，他们以坐姿端正、听口令和配合老师来避免惩罚，大脑处于高度戒备状态，无法放松，也就很难进行深层次的思考。再次，课堂座位多采用"秧田式"，学生往往会因为学习成绩的高低而被潜在地分成若干层次，学生之间形成强烈的竞争关系，较少产生合作的机会。课堂往往是由教师和学优生的对话构成的，大部分学生的观点和诉求都没有办法得到倾听和应答，这使得很多学生处于一种紧张、焦虑之中，难以真正进入学习状态。

要让学习真实地发生，就要让课堂处于一种安全、润泽的氛围之中，让学生远离紧张、焦虑的心态，呈现一种真实自然的学习状态。教师要呈现出"倾听"的身心状态和"柔软"的身体姿态，改变僵化的课堂氛围。只有当一个教师真正理解学生并具有人文关怀时，学生才能学到更多的"基础知识"，并展现出更高的创造力和问题解决能力。① 教师以"倾听"学生为第一要务,首先要倾听学生的学习需求,了解学生的兴趣所在;其次要倾听学生的学习困难在哪里,了解学生的"迷思概念"和"认知冲突",并以此为起点进行学习设计;再次要倾听学生的观点的独特性和价值所在,并将这些观点串联起来。佐藤学提出教师倾听儿童的发言的时候,应当着眼于:这个发言同该儿童的内在品性有什么关联,这个发言是由谁的哪一句发言触发的,这个发言同已知的学习内容有什么联系,在儿童们凭借自身的力量把发言连贯起来理解之前,教师需要起到穿针引线的作用。②

要促进学生的深度学习,就要让学生有自主学习的机会。如果学生总是被告知什么是正确的,什么是错误的,他们可以做什么,不可以做什么,他们就不能够发展判断力,不能发展独立性和责任感。③ 因此要把学习真正交到孩子的手中,就要真正理解学生的复杂学习历程,教师的课堂教学体现在对学生学习规律的充分尊重、理解、支持和助力。首先,从教学过程与教学节奏上看,教师要给学生充分的自主学习的时间,并且让学生形成相互协同合作的关系,让学生有充分的思考、交流、试错和修订的时间,在学生们的思考遇到困难或者无法深入的时候,教师再去点拨、指导,因而教学节奏要慢下来,教学环节要尽可能简化,这样学生才会有充分的自主学习与协同合作的时间。另外,从教学设计与策略选择上看,改变凭经验教学或者按照教学参考书来教学的常规做法,要通过细致的课堂观察和深入的教学质量分析,充分了解学生的学情,特别是学生的学习困难到底产生于何处,从学生的学习困难入手,进行"逆向"的学习设计,从而对学生的学习提供有针对性的帮助。

---

① [美]卡尔·罗杰斯,杰罗姆·弗赖伯格. 自由学习[M]. 王烨晖,译. 北京:人民邮电出版社,2015:3.
② [日]佐藤学. 教师的挑战——宁静的课堂革命[M]. 钟启泉,陈静静,译. 上海:华东师范大学出版社,2012:20.
③ [丹]克努兹·伊列雷斯. 我们如何学习:全视角学习理论[M]. 孙玫璐,译. 北京:教育科学出版社,2010:170.

3. 课堂学习的深化：以高品质学习设计培育学生高阶思维

要实现学生的深度学习，就要进行高品质的学习设计，这是课堂教学质量的重要保障。

所谓"学习设计"是为了学习者有效地开展学习活动，从学习者的角度为其设计学习计划、活动和系统，是为学习者系统规划学习活动的过程，为学生的学习提供一个活动脚本。学习设计必须遵循学习者的学习起点、认知风格和学习历程，揣摩和研究学生学习知识的基本历程：学习的起点是什么，需要经历怎样的学习过程，会遇到怎样的困难，可能会提出怎样的问题，会采用什么样的学习方式和策略，最可能在哪些方面得到发展等，并通过有效的设计将学习活动引向深入。

根据我的大量观察，当前的课堂普遍存在着"过多过快"的倾向，主要有以下表现：

首先，教学目标过多、过杂，教师分不清教学目标的主次，不明确各教学目标之间的关系，在教学过程中教师常常会出现教学目标的迷失，因为教学目标设计不当，无法达成既定目标，从而不断加快教学进度，以达成目标。其次，设计过多的教学环节，每个环节都只预留1～2分钟的时间，所以学生几乎没有时间去思考，为了不影响教学进度，教师往往采用提问学优生或者自问自答的方式来推进，从而出现教学进程远远超过学习历程，学生学习目标无法达成的情况。再次，为了让学生掌握更多的"基础知识"，教师往往采用不断重复、复习学生已知知识的方式进行巩固，课堂中的大量时间都放在夯实基础知识上，学生面对、解决挑战性问题的时间和空间较少，课后作业也往往是对已经学会的知识的反复"刷题"，这使得学生的"学习"一直处在"记忆、理解"低阶思维的训练中，而缺少高阶思维的挑战。

学习设计要遵循"少即是多"（Less is more）的原则，教师作为学习设计者首先要明晰教学目标，并将其转化为学习目标和学习任务，学习任务要"少而精"，只有这样才能使学生聚焦核心问题进行探究，才可能将更多的课堂时间用于学生主动的学习，才能给学生完整的学习历程，让学生经历完整的思维过程。如何确定最为核心的学习任务，这需要教师对学科本质进行充分的研究，深刻理解知识内容和相互间的关系，同时充分理解学生的原有知识基础、生活经验、学习困难与认知策略等，从而找到两者之间最为恰当的结合点，并将其巧妙地设计成学习任务。学习设计要同时考虑如何将学习方法的指导、学具的研发、学习者之间的互动关系营造、学习过程中新内容的生成与利用等问题，从而让学生们不但对学习内容感兴趣，更能够掌握学习的方法、与他人互动的方式、发现问题和解决问题的能力等，从而不断成长为一个成熟的学习者。

学习设计要以促进学生"探究未知"为出发点，进行"逆向思维"（backward thinking），根据确定的学习主题，设计出具体问题，并设计评价标准和"脚手架"，鼓励学生动手操作实践，在学生遇到困难时教师再进行指导，然后学生完善自己的学习成果。强调学生在具体的任务或挑战性情境中主动探究，在实践活动中动手设计、创造，而不是对已经掌握的知识进行反复的复习和巩固。对"未知"的好奇和对问题解决的渴求是学生进行深度学习的重要动机来源。因此，学习设计要贴近学生的生活经验，并形成具有挑战性的研究课题，要通过自主学习、协同合作的方式让学生进行持续地探索。为了让学习设计更加清晰、明确，并使学生的学习过程、学习结果得到更具象化的呈现，可以采用共同备课、制定"三单"——"预习单""学习单"和"作业单"的方式来进行，其中"预习单"是让学生了解基础知识和基本方法，可以让学生在课前完成，而在课堂上则利用"学习单"集中精力去探索学生难以独立完成的"挑战性课题"，并通过学生之间的学习成果共享以及教师的点拨、修订不断地深化研究；课后则采用"作业单"的方式进行延伸拓展的学习和变式训练等。这样可以更为有效地利用课堂上的学习时间，并使学生的学习形成一种不断深化的正向循环关系，保证学生的深度学习。

中小学课堂平等的学习权

第二章

在当前社会背景下,人民群众对教育公平的追求非常迫切,国家和政府也出台了政策来保障教育公平。教育公平可以分成三个阶段:起点公平、过程公平和结果公平。从宏观领域来看,我国公民的受教育权得到了有效的保障,国家和政府确保人人享有平等的受教育权利和义务,提供相对平等的受教育机会和条件,即起点公平已经得到了初步保障。但更高水平的过程公平和结果公平,即教育成功的机会和教育效果的相对均等,还有很长的路要走。那么如何实现过程与结果的公平,我们不能仅仅从宏观视角去思考,更应该从微观视角去观察和思考,只有微观领域,即学生在其所生活的学校和课堂中能够获得平等的学习权,才能真正确保学生受教育权的实质性公平,实现教育的过程公平和结果公平。

我国中小学课堂中学习权的迷思

学生的学习权是学生平等参与学习,完整经历学习,在学习中获得应有的成长和发展的权利。我对中小学课堂进行了为期十年的参与性观察,以焦点学生完整学习历程观察与关键事件分析为切入点,对学生学习权的问题进行了长期的追踪,发现目前我国中小学课堂中学生的学习权难以得到有效的保障,具体表现在以下几个方面。

一、课堂中过于侧重"教授"过程，而忽略了学生的学习历程

多数中小学课堂还是注重教师的"教授"过程，教师按照教学计划，完成教学任务，课堂中的大部分时间都是由教师来控制和占据的，因为教学目标设定冗繁，教的内容繁杂而琐碎，所以课堂中留给学生学习、思考和交流的时间非常有限，学生难以经历完整的学习过程。教师将现成的知识经验"打包"传递给学生，学生只能囫囵吞枣、生搬硬套，难以真正理解、迁移。学生的学习权被打折扣，甚至被完全忽略，大部分学生在课堂上的学习是比较被动的，学习被简化为背诵答案、做作业和"刷题"。

二、学生对于班级治理和教学缺少决策权和参与度

原本，学校和班级是学生生活的场域，学生是班级的主人，因此学生对班级治理应该享有一定的权利。同时，学生作为课堂教学的重要参与者，应该对教学目标、内容、进度等具有一定的知情权，学生应该能够了解和参与教学设计与规划。但实际上，根据我的长期观察，多数中小学生并不能获得参与班级治理的权利，他们完全是听从安排和被管理的角色，只有少数成为"班委"的学生，才部分具有班级治理的权利，其他学生都成为"被管理者"。而在课堂教学的过程中，多数中小学生很难真正有机会与教师平等对话，多数学生对于教学的目标、进度、方法等都不甚清晰，只能跟着教师的"指挥棒"，亦步亦趋，所以在课堂中很多学生的学习是比较被动的，他们通过猜测教师的意图来跟随，这对于学生形成自主学习、自主管理的能力是极为不利的。

三、学生之间关系不平等，难以获得平等的学习权

在班级中、在课堂上，学生之间的关系是不平等的，学生因为学习能力、

学习成绩、性格态度等方面的原因，被有意无意地进行了区分，即贴上"优秀生""中等生""学困生""问题生"等标签。不同的学生在课堂中会有不同的学习机会，优秀生往往更多地拥有提问的机会、回答问题的机会、得到表扬的机会、展示交流的机会等等，而其他的学生则往往处于一种被动地"观看"或者"倾听"的状态，这些学生的思考和想法变得可有可无，越来越多的学生成为课堂的"看客"，逐渐沦为学困生，因此，很多学生认为自己能力不足，学习不好，不愿意继续参与学习，甚至直接放弃。

四、学生的个性特征易被忽视，多元需求难以得到回应

因为长期采用"统一流程"式的教学方式，教学的目标、进度、方法、资源和评价完全由教师来掌握，同时，由于我国教师普遍缺少学生认知和心理分析的培训，所以教师对学生学情的理解往往有失偏颇，因此学生往往被概念化、集体化、抽象化。实际上，每一个学生都有独特的认知风格、性格特点、发展优势，如果缺乏对学生学情的完整系统的分析和把握，教师在教学过程中很容易以"自我"为中心，会出现诸如学习进度特别快，学生难以跟随和理解的问题，或者放大学生的缺点，看不到学生发展可能性的问题等。目前教学的方式方法比较单一，可利用的教学资源也比较匮乏，我们会看到很多有独特天分的学生，却没有办法获得个性化的学习机会，学生成就平等的机会比较渺茫。

营造温暖、润泽的倾听关系：彼此平等

从我国课堂的语境来看，要改变目前课堂的现状，我们可以从以下三个方面来着手：营造温暖、润泽的倾听关系，创设公平共赢的学习机会，追求高品质的真实学习。前两个方面主要突出公共性和民主性，第三个方面强调卓越性。三者之间既是平行的关系，又有递进的关系，这三个方面必须同时着手才会凸显出学生的学习效果。我将从前两个方面着手，重点阐释如何保障班级中每一位学生平等学习权的问题。

对于多数老师来说，建立倾听关系是在创建学习共同体的过程中遇到的第一道难关。很多老师在倾听关系建构方面遇到了困难，于是觉得自己不能驾驭，于是又重新回到了高度控制的老路上去了。倾听关系的建立不是一蹴而就的，佐藤学书中描述的课例中，一些优秀的老师需要一年左右的时间，才能形成比较安定、沉稳的倾听关系。我们在课堂观察中发现有些老师的倾听关系建立得比较快，他们的做法值得我们借鉴。

一、与学生共享学习共同体的愿景，共创阶段目标

一些有经验的班主任在接手一个新班级时会到每个学生家里家访，了解学生的背景情况，并且向家长介绍学习共同体的学习愿景，将一些具体方法与家长进行沟通，获得家长的理解和支持。新学期伊始，班主任老师和各学科老师可以在前几节课向学生介绍学习共同体，并告知学生们一些学习的具体方法，与学生一起商量确定一些大家可以共同遵守的约定。在进行结对和构建小组的时候，也充分听取学生的想法和意见，让学生参与到共同体的构建当中，使学习共同体的愿景在所有学生之间达成共识。让学生理解老师的每一步都是为了做什么，学生才会更加知道自己应该如何做。

同时，根据学生出现的一些具体问题和情况，班主任老师和学科老师一起商量一些阶段目标和做法，并与学生一起讨论阶段目标的可行性，让学生参与其中，并成为自觉的行动者。比如，利用班会时间可以和学生们讨论"什么是倾听""如何能够做到倾听""我们可以做什么"等等，并据此归纳出一条具体

的做法，从易到难可以分成不同的阶段来实施。每过一段时间，老师带领学生对阶段性目标的达成情况进行反思，让学生进行自我评价，根据学生出现的问题，对阶段性目标进行完善和补充，形成新的阶段性目标，这对于学生不断完善自己、顺利过渡具有重要意义。对于小学生来说，可以从具体的行为开始训练，对于高年级的学生，只要进行有效的沟通，学生会自然领会，只要在课堂实践中不断强化即可。

二、教师示范倾听，理解、接纳、尊重所有学生

教师从执教者、言说者变成倾听者，这对很多人来说不太适应。倾听是内心安稳沉着，对对方予以接纳和关注，并从对方身上学习。倾听不只是用眼睛去看、用耳朵去听，而且用心去体会、共鸣和反思，这个过程无疑是非常艰难的。倾听不但需要谦逊的姿态，更需要敏感、睿智的思维。总之，倾听真的不简单。

如何能够做到倾听？首先需要内心的谦逊与专注，专注于每一位学生的学习，心无旁骛。因为心里装着的是学生，所以自然就会声音平和舒缓、话语简短洗练、表情舒展放松、姿态亲和自然，这种外显的姿态是内在心理沉稳、愉悦的自然流露，无须刻意为之。老师如果能够做到这一点，课堂的氛围就会发生微妙的变化，学生以老师为"参照镜像"，也变得更加安心、沉稳，说话自然也会降低音量，让人感受到安静、润泽的气息。安静、润泽的气息最利于学生安心地学习。

要做到倾听，还要理解和接纳每一位学生，这又是一件极为困难的事情。一些有经验的老师对于学生是非常了解的，他们会通过各种方式，包括与家长沟通，与其他学科老师沟通，或带着学生一起玩耍，组织各种活动来了解学生，此外，做课堂观察员也是了解学生的好方法。

每位学生虽然有其特殊的家庭背景、生长环境、性格禀赋，但是也会有很多共性，他们对平等、爱、归属、信任的渴望，对于想要成长为更好的自己的期待。学生的这些渴望往往是通过不同的方式，甚至是与本心相反的方向呈现出来的，这需要老师能够用心去体会，看到学生行为表现背后的精神诉求，看到学生发展的阶段性和可能性。佐藤学说：教师专业中有七成是对儿童不折不扣的接纳和尊重。在营造倾听关系的过程中，每一位老师对这句话的体会也会越来越深刻。

三、构建学生之间相互倾听、彼此互学的关系网络

学生之间有相互关心、相互照顾的倾向性和同理心，教师可以根据学生的具体情况，不断放大和强化学生之间相互倾听的关系，可以从两个人的同伴关系开始。首先可以让学生有更多外显行动表现，如学生彼此微笑、握手、给对方点赞、一起做游戏等，让学生感受到来自伙伴的温暖和关怀；在学习的过程中，设计一些学生互相学习的环节，这种互学包括：互相了解对方的不同想法，分享解决问题的不同方法，在遇到困难的时候能够主动求助，在接到别人的求助时能够提供相应的帮助，共同探索新的发现与可能性等等。

在课堂观察的过程中我们看到，由于学生之间长期处于竞争或者无关状态，学生之间不熟悉、不亲近，让学生之间通过各种活动尽快熟悉和亲近起来，成为好朋友，这是建立倾听关系必须做的事情。在相互学习的过程中，最容易形成的是"互教"的关系，而较难形成"互学"的关系，我们可以与学生共同来研究"互学"的方法，并形成一些具体做法，给予学生具体的方法指导。

互学的关系不仅仅存在于同组伙伴之间，更存在于全班同学之间，从而形成班级中所有人之间彼此倾听、关照、探索的关系。我们看到比较成熟的班级中，学生之间不但会组内串联，而且能够通过倾听，把全班很多伙伴的观点都

串联起来，形成话语网络。学生之间的互学也从对答案、补缺漏到相互提问、重新发现，通过协同关系、话语网络将问题的探讨引向深入。在这种关系网络没有形成之前，很多时候需要老师的串联，让学生彼此孤立的观点形成关联，久而久之，学生之间的话语网络彼此交织，学习就会自发地深入，而教师更多地成为倾听者和学习者。这样师生彼此学习的生态也会形成。有的老师对每节课都特别期待，不知道学生又会带来怎样的见解，有着怎样的发现，师生一起开启神秘之门的感觉特别美妙，比自己从头到尾讲教案有意思多了。教学相长，这是每一位教师都在追求的美好境界吧。

四、形成学生自主自治的班级和学校文化

学习共同体的创立是与学生自主自治的文化分不开的，我们最终要培养的也是有自觉意识、社会责任和创造精神的自主学习者与社会公民。在创建学习共同体的过程中，我们将学生自主自治的方法渗透其中，这也在培养学生民主地参与班级生活和未来的社会生活。如何与他人协同合作？如何表达自己的诉求和主张？如何参与班级治理？如何解决遇到的各种问题？学生倾听关系建立的过程中，在彼此互学的过程中都已经在体悟、在实践了。这时候可以尝试让学生进行班级的自主自治，让学生对班级事务拥有更多的话语权。学习共同体不仅体现在课堂之内，还体现在班级和学校的方方面面，融入文化血液之中。

学生不是被动地接受学校和老师的安排，而是对自己、班级、学校的未来发展有愿景、有目标、有期许，他们可以根据自己的意愿和想法，在与老师共同协商的基础上，将其变成现实。"凡事与学生商量""凡事请学生一起做决定"已经成为一些领航老师的行动准则，学生做出的决定是通过充分的民主协商的，所以更会严格遵守，并且彼此监督，承担行为后果，这样有利于学生成为自理、自控、自治的人，学习共同体的理念会深入学生的头脑和行动中，并将指导他

们未来的学习生涯和人生之路。老师们也可以更多地从日常事务管理中挣脱出来，专注于学习和研究，从而使班级和学校中的每一个人都真正处于学习之中。

创设公平共赢的学习机会：均等机会

学习共同体课堂的一个重要的标志就是每个人都能获得公平的学习机会，因为机会均等，所以每一个人都不必为了争夺机会而进行竞争。而我们当前的很多课堂中，学习机会其实是不平等的，甚至可以说是稀缺的，要通过竞争去争取，或者通过剥夺他人的学习机会来获得，这样的课堂看上去热热闹闹，但实际上牺牲了大部分学生的利益和机会，是得不偿失的。于是我们要思考，怎样才能让更多的学生获得学习的机会，怎样才能让课堂的时间使所有学生都受益，因此，我们要在机制上对课堂进行重构。

一、放慢节奏，留给学生更多学习和思考的时间

目前课堂的所有时间几乎都被老师占据了，所以课堂上更多的是老师的独白，或者老师与极少数学生的对话，老师大量的讲述内容密集、速度极快，很多学生是很难理解的，更不用说深入思考了，所以多数的讲授都是无效的。我们通过课堂观察可以看到教师的讲授内容与学习真正的学习内容之间的巨大落差，课堂上有很多的"观光者"或者迷茫的学习者就不足为奇了。

我们现在首先要做的是把上课的节奏慢下来，把课堂时间结构进一步优化，老师减少独白的讲授，布置的每一个学习任务都要考虑，留足学生独立学习的时间、协同学习的时间、公共发表的时间和修订反刍的时间，这样才能让学生的学习充分地展开。以阅读为例，我们课堂阅读课文的时间偏少，很多老师都只给学生1～2分钟读课文，而且还要比赛谁读得快，学生就形成了浅尝辄止

的阅读方式，有的一目十行，有的掐头去尾，看到其他人读完了，自己不管是否读完都停下来。这样浮躁的学习状态几乎存在于所有学科中，数学学科给学生读题的时间也非常短，很多孩子题意没有弄清楚就已经开始解答了，全都算完了才发现题意理解错误，这些都是因为常常被催促而养成的不良学习习惯。我们让课堂的节奏慢下来，让学生可以以"自己的步调"去与文本对话，去与问题相遇，这对培育学生的学习力具有至关重要的作用。我们在课堂观察中可以看到，那些读课文花的时间比较长，沉浸阅读、细细品味的学生，对于文本的理解更加细腻、充分，所以在解决挑战性问题时也会有更深刻的见解。而那些在数学问题上能够耐心思考、深思熟虑的学生，他们考虑问题的周全性和深刻性会更好。老师的讲授和学生的自主学习，对于学生认知发展的意义是不同的，给学生更多的自主学习时间，是保证学生学习权的重要一环。

二、建立每位学生平等的学习机制

如何形成平等的学习权，是我们必须思考的问题。课堂上最熟悉不过的是老师提问的环节，老师提出问题以后，一般会迅速找到举手的学生来回答问题。如果我们对一节课老师提问过的学生进行统计分析就会发现，学生们回答问题的机会是非常不公平的。有些学生一节课回答很多问题，而多数学生都在课堂上一直默不作声，他们是怎么想的，老师并不知道，他们是否真正听懂了，老师也不清楚。有的学生因为各种原因不敢举手，或许他或她就几乎没有机会在课堂上表达自己的观点。这并不是个案，我们随便进入一个班级都会有学生一学期没有回答过问题，而老师或许根本没有注意到这一点，久而久之，这些学生觉得自己并不重要，没有存在感，也逐渐逃离了学习。

学生必须公平地面对学习材料、学习任务、挑战性问题，每个学生都参与其中，不让一个人落后才是学习共同体课堂要追求的。因此，我们在课堂的所有环节都必须考虑到如何让所有学生都参与进去。要解决学习机会公平的问题，首先是让学生能够静心倾听，其他人在回答问题的时候，每个人都在心里与回答问题的人进行内在对话，获得启示是一种学习，产生疑问也是一种学习，让学生了解到倾听是学习的重要机会。同时我们也要兼顾到平等的学习机制的构建，例如：

（1）学习材料必须每人一份，每个人都有机会拿到学习材料。

（2）老师在上课之前就要设计好学习任务，并以学习单的方式下发给每一个人，所有人都可以在同一时间段将自己的观点、想法、解决问题的思路等展现在学习单上，老师可以通过巡视，了解每一个学生的想法和进展，这样做所花费的时间比提问一个学生要慢一些，但是相比较连续提问全班同学，效率还是非常高的。

（3）尽可能让学生之间交流意见，让每一个学生被倾听，就会有更多的解决方案出现，也会暴露更多的问题，有利于学生充分理解和真正解决问题。

（4）在全班交流的过程中，尽量不采用举手的方式，而是采用可以让所有学生都有机会发言的方式，比如轮流等方式，尽量不留死角。

三、为弱势学生争取若无其事的优先权，同样赋予高期待

有些弱势学生因为缺乏成功的学习经验，因此对学习缺乏信心，表现不尽如人意，这样的学生在课堂上常常被边缘化，要让这些学生逃离困境，我们必须分析这些学生学习困难的内在机制。

在心理学上，这些因为长期遭受失败的打击而一蹶不振的人被称为"习得性无助"（learned helplessness），马丁·塞里格曼（Martin Seligman）说当一个人在某件特定的事情上付出多次努力，并反复失败，形成了"行为与结果无关"的信念后，可能就会将这一无助的感觉过度泛化到新的情境中，甚至

包括那些本可以控制的情境。也就是说，这些学习中常常失败的学生往往认为：努力也不会好转了，努力也得不到老师的肯定，努力也不会比某人成绩更好，于是就自动放弃努力了。如果这变成一个人的思维方式，那就是失败者思维（loser thinking）。

对于弱势的学生来说，一直给予他或她高度的期待是至关重要的，心理学称之为"罗森塔尔效应"（Rosenthal effect）。1968年心理学家罗伯特·罗森塔尔（Robert Rosenthal）到一所乡村小学去考察，他给小学里的学生进行了各种测试，然后从中选出18位学生做成名单，交给校长，告诉他说，这18位学生天资聪慧，智商过人，未来会成为杰出人才。半年后罗森塔尔来到这所学校，了解这18位学生的情况，果然这些学生进步都非常大，很多孩子的发展超过了同伴。而实际上，罗森塔尔的名单中的18位学生是随机抽取的。这种现象也成为"自我实现的预言"（self-fulfilled prophecy），人一旦被赋予了高期待，看到了希望以后，所形成的驱动力让人真正成为理想中的那个人。正如罗伯特·罗森塔尔和莱诺尔·雅各布森（Lenore Jacobson）的实验所证实的，老师的预期充当着自我实现预言的作用，而不恰当的自我实现预言会带来消极影响。

要让这些学生从学业失败的困境中走出来，就要为这些学生赋予更高的期待，并提供优先的机会，给予他们优先的照顾，而不是放弃不管。但这种照顾应该是不露痕迹、不易察觉的，否则可能会加重学生的自卑心理，这需要老师机智地去处理。在课堂观察中我们也可以看到，一些有经验的老师会尽可能为缺少学习信心的学生制造机会，会及时发现这些学生的一些亮点并以合适的方式加以展示和鼓励，这样不但使弱势的学生的自信心增强了，而且也强化了他们在同伴心目中的地位，这对于优化互学关系是非常重要的。

同时，弱势学习者有一个充满关爱的伙伴和团队，对他们来说也有重要的意义。有些学生在全班同学面前不敢发言，但在他比较信任的朋友面前是可以正常交流的，他把自己的想法或者疑难分享给自己的同伴，获得帮助和支持，也会不断增强学生的学习力和挑战学习的勇气。

四、为不同倾向性的学生创设多元的学习机会

根据多元智能理论，班级中的每一个人都会有不同的优势智能，但在很多课堂上，由于学习方法和学习任务的单一，一些学生的优势智能是没有办法发挥的。而一些学生是兼备多种优势智能的，但都没有得到充分的发展机会。怎样让学生的优势智能得到全方位的开发，那就需要在课程设计上更加多元，让学生多方面的能力都得到锻炼和培养。同时，在课堂教学层面，我们学习任务的设计应该考虑到学生的多种学习需要。语文的教学不一定只有字词积累和语词理解，而更高层次的是美学鉴赏，可否让学生用语言、音乐、图画、戏剧等来共同演绎中华语言之美，这些都应该去尝试，而且应该去提倡。有些学生虽然不擅长语文，却可以通过妙笔丹青来描绘文中的意境，那也是一种独到的理解；而数学如果只是单调地解题，也就失去了活力，其实，生活中的数学无处不在，学生如果可以用更加新鲜而有趣的方式来学习数学，这无疑为更多的人开启了学习之门。

学习共同体的核心愿景是：保障每一个学生高品质的学习权。这里面包含着三个层次的目标：就学生个体而言，学生要能够安心而真实地学习；就学生群体而言，学生之间相互平等，彼此倾听，互相学习，从而让课堂成为"交响乐"；就品质而言，学生的学习应该有更高的品质，不是徘徊在低水平的重复，而是学生通过完成高挑战、高质量的学习任务得到全方位的发展，并最终成为一个自主的学习者乃至深度学习者和创造者。这对所有人来说都是巨大的挑战，而且这种挑战可能是一种持续上升、没有终点的挑战，需要我们持续研究与实践。

第 **2** 辑

让学习真实地发生

课堂观察：
揭开学习的奥秘

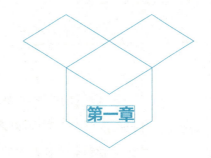
第一章

课堂观察是揭示学生学习奥秘的重要方式，对教师们来说，课堂观察起到"理论与实践之间的桥梁作用"。① 要研发真正符合一线教师需要，帮助教师持续提升专业能力的课堂观察与分析方法，必须能够满足以下几方面的特征：

第一，观察和分析的方法比较简明、易行，观察对象与内容比较明确，一线教师能够快速掌握，并且能够应用在日常教学和研究活动当中；第二，观察的目标不是指向教师而是指向学生，这样执教教师及观察者能够以比较放松的、自然的心情进行观察，而且能够在研讨过程中形成比较平等互惠的关系；第三，教师们能够充分运用其对教育教学的理解和分析能力，运用其丰富的教学智慧，对学生的学习过程与结果进行分析，而不只是将教师作为观察的工具而已；第四，这种课堂观察与分析的方法能够比较直接地反映出学生的学习困境与需求，从而触动教师对自己的教学进行深刻的反思，并据此进行学习设计的改进，乃至系统性变革。从根本上说，教师要在课堂观察和分析中成为主力军，而且要将学生作为主要的研究对象，这是教师向学生学习的重要方式，是教师精准把握学情、反思教学、提升教学有效性的重要路径。

---

① Reed, A. J. S., & Bergemann, V. E. . *A guide to observation, participation, and reflection in the classroom.* Boston: McGraw Hill, 2001.

我以行动研究者的身份,以参与式观察的方式走进一线课堂,进行了十余年的行动研究,对3000多节课和5000多名学生进行了观察分析。不断尝试国内外课堂研究的各种方法,并进行改进与总结,研发了适用于一线教师和研究者的课堂观察方法,即焦点学生完整学习历程观察与关键事件分析。观察者以个体学生的学习过程作为观察对象,尝试进入个体学生的真实世界,跟踪学生学习的全过程,收集学习相关的完整证据,分析具体学生学习过程中的关键事件,真正发现个体学生学习的困境与需求,不断总结学生的学习规律,以此促进教师的自我反思与教学重构。目前全国有数百所学校正采用这一方法进行课堂变革,课堂观察正成为开启课堂变革之门的金钥匙。课堂观察与研究的新范式正在形成:课堂观察从以教师的教为中心,转向以学生的学为中心;从对课堂中抽象的师生及其相互关系的行为学分析转向对具体学生完整学习过程的深入分析与探讨,从而真正打开学生学习的"黑匣子"。

观察目的:从"观摩—评价"取向到"观察—自我反思"取向

以"观察—评价"为取向的"听评课"存在的困境在于:其一,话语权分配不公平的问题,普通教师则较少拥有话语权,处于被评价的弱势地位,所以普通教师只能应付评价标准,而难以真正参与到平等的研究中去。其二,主观化倾向明显。对于"什么样的课是好课"以及"谁的课是好课",往往是仁者见仁,智者见智,每个人以自己的标准对课堂进行评价,缺少真正客观的、实质性的证据,以评价者的主观判断为依据的教研活动,往往最终走向主观性的教学改进的权力怪圈,这样不但可能带来教学的方向性错误,更可能造成教师自我专业自觉的泯灭。课堂观察如果仍然采用"观摩—评价"取向,即便评价指标更加细致、全面,评价过程看上去更加科学、严谨,而最终的目的并没有区别，因此也就无法从根本上解决上述关键性问题。

从本质上看，课堂观察的最终目的不应该聚焦于评价执教教师的教学质量的好坏，而在于真正深入地理解课堂的生态，特别是理解学生到底是如何学习的。学生的学习规律和学习需求决定了教学活动如何展开，而多数教师对学生的学习是不甚理解的，也缺少科学的方法去研究学生的学习，这就使得教师的备课和教学一直处于比较主观的状态，教学质量也就无法保障。因此，当务之急是让每一位教师通过细致深入的课堂观察来理解和发现学生学习的奥秘，从而共同解决教学的核心问题。要强调的是，课堂观察者与执教教师完全平等，而且目标一致，即深刻理解学生的学习需求与学习规律，从而进行自我反思，自觉改进教学，并找到专业发展的生长点。因此，从根本上说，课堂观察的自我反思取向是教师走向专业自觉的重要路径和方法。

观察焦点：从观察执教教师的教学过程到观察具体学生的完整学习历程

当前国内外的课堂观察具有明显的工具性特征，很多研究者都将研究重点放在观察工具的开发上，从而确保观察结果的准确性、客观性，以至于观察的维度越来越多，越来越精细，需要大型的研究团队来支撑，还要借助特殊的录播教室和软件来进行辅助才能进行，所以很难常态化。更重要的是，因为观察维度过多，观察者和一线教师为大量复杂的数据所困，找不到分析和应用数据的根本性方法，因此，课堂观察所获得的数据往往得不到充分的解读和应用，难以得出可靠的、实质性的结论。

课堂观察要真正聚焦具体学生，对每位学生的学习事实进行全面的跟踪和深入挖掘。要真正了解学生的学习是如何展开的，要俯下身去，真正走进学生的世界中，认真观察学生的一举一动，如他们的表情、动作、语言，与他人的互动，完成学习成果的过程等等，而且要对学生的思维方式等进行深入分析。学生不是抽象的，也不是教师的配合者，而是课堂真正的主人。进入观察现场我们会发现：学生的真实学习的展开是缓慢而复杂的，而且每一位学生的个性特征、思考方式、解决策略、互动方式等都存在较大差异，这让我们认识到学习过程的复杂性和教学难度，教师在进行教学设计的时候就会更多地考虑学生的心理特点和认知规律，从而使教学设计更加贴近学生的学习需求。

观察深度：从观察学生外在表象到探究学生的真实世界

当前课堂观察与评估工具往往聚焦于课堂中的教师和学生的一般性外显行为的调查和分析，可以说具有明显的行为主义的倾向。这对于研究复杂而深刻的学生学习活动是欠妥的。因为在课堂这样的公共场域中，从作为"价值无涉"的观察者视角所看到的学生与真实的学生之间往往存在较大差距。如果我们只将具体学生看作课堂的一个小小的组成部分，那么我们能够获得的关于这位学生的信息是非常有限的；如果我们将这位学生看作这个课堂的核心主体，全身心地投入到对这位学生的体察和研究之中，就能够获得海量的、细致而深刻的信息，学生完整的学习历程、学生的心理特征、认知风格、互动关系、学习困难、精彩观点等等会完全展现在观察者的视野之中，而其中引发观察者反思和进一步研究的问题会不断呈现出来，学生学习的奥秘就一点点被揭示出来。

这需要观察者能够拆解表面世界，真正进入学生的真实世界。表面世界是标签化的世界，是外观世界、是易被觉知、易被改变的世界，每个人都有自己不同的定位、身份、角色，是一个人外在的表现；而内心世界是真实的世界，是不易被知觉，也不易改变的，是真正的自我。表层世界如同冰山，而真实世界则是冰山之下的部分。当观察者以权威者的角色来观察学生时，学生就会变得渺小、笨拙，学生的表现也变得微不足道，所以观察者很难看到学生细微的表现,也难以体会学生微妙的内心变化和学习状态的改变。观察者必须打破坚冰层,进入冰山之下,以平等的心态与所观察的学生进行深入对话,去体会、感受、理解和诠释学生真实的想法、困惑、意愿、需求,只有真正站在学生的立场,与学生同呼吸、共命运之时,学生的真实世界才能真正向观察者开放,观察者要运用"眼""耳""心"共同接受信息,并迅速地解读与反思。

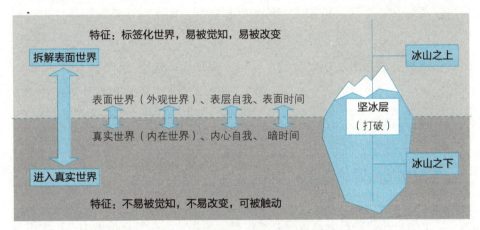

图1 表面世界与真实世界关系示意

深入情境:阐释学生学习的关键事件

大卫·特里普(David Tripp)在教师教育和成长中引入"教学中的关键事件"(Critical-Incidents in Teaching)概念。他指出:"对所观察到的现象的描述和记录,构建一个'事件'(incident),其次对'事件'进行'分析'、'解释',共同形成了一个'关键事情'。这一关键事件的创建过程将事件视作在广阔的、日常的社会语境中的一个典型案例。"[①] 在课堂观察中,随着课堂中的情

---

① David Tripp. *Critical Incidents in Teaching: Developing Professional Judgment (classic edition)*. London:Rout ledge, 1993.

境的不断切换，观察者与学生进行着内心世界的持续对话。在动态的学习变化情境中，一些重要的情境片段会突然引发观察者的强烈关注，让观察者产生较强的心理波动，并不自觉地对此情境进行反思和判断，这就是关于学生学习的关键事件。课堂观察者只要保持着对学生的持续观察，对学生学习的真正关切与好奇，学生学习的过程中的关键事件就会不断涌现出来，每个关键事件都是对学生学习特征的一种阐释和表征，如果对这些关键事件进行深入的分析，就会挖掘其中所包含的深刻教育内涵，对关键事件的发现、阐释、串联和反思，成为课堂观察者的重要研究突破口，这也是作为一线教师的课堂观察者进行自我反思的"参照镜像"。学生学习的关键事件往往表现在以下五个方面。

一、学生学习心理状态变化之时

学生的心理状态对学习效果会产生很大的影响。在教育情境中，防御机制会使（学生）的学习不发生。作为一种规律来说，（学生）需要有高度的安全感、许可和动机来克服这些防御。[①]

一般来说，学生心理比较安全，内心相对稳定、放松，将更容易进入学习状态；相反，如果学生比较紧张焦虑、不知所措，就会难以集中精力学习。而学生的心理状态也会根据课堂情境发生变化，作为观察者要敏感地意识到学生的心理状态的变化，并找到引发学生心理状态变化的线索，以此为依据来推断如何让学生进入安全、平静、投入的心理状态，从而促进学生的学习。

---

① ［丹］克努兹·伊列雷斯. 我们如何学习：全视角学习理论［M］. 孙玫璐，译. 北京：教育科学出版社，2010：172.

二、学生独特认知风格显现之时

每一位学生都有不同的人生经验、知识储备和思维方式,这些组成了学生独特的认知风格。作为观察者,我们会看到几乎每位学生都在按照自己最熟悉、最适应、最舒适的方式来进行思考和问题解决。这对于群体的学习来说,既是一种资源,也是一种困境。每个人的认知风格不同,如果能够充分利用这种思考问题的路径差异,就会让学生获得更多的学习机会,但如果企图用一种方式来简单地统一学生的答案就会产生各种各样的问题。因此,作为执教教师必须首先理解学生认知风格的差异,对于某一个特定问题,学生们到底有多少种思考方式以及学生为什么会产生这些思考,有的学生思考问题比较慢却非常深刻,而有的学生思维敏捷却浅尝辄止。教师要对学生认知风格的差异予以充分的理解,在此基础上进行有针对性的指导。

三、学生学习的困顿之处

学生面对的学习困难是我们课堂观察的重点。学生从自己的已知世界出发,去努力探索未知世界的过程最为珍贵,但在探寻未知的过程中往往会遇到困难,遭遇问题—解决问题—获得新知是学生学习的重要途径。但在长期的课堂观察中我们会看到,很多学生的学习困境难以被察觉,因此不断累积,并最终沦为学困生,失去学习的兴趣和信心。大面积和错综复杂的正确与错误理解的矛盾结构就建立起来,这会强烈地促使学生最终放弃学习。[1] 面对学生可能出现的各种问题,我们就要反思我们到底要怎样进行学习设计,更精准、有效,并且

---

[1] [丹]克努兹·伊列雷斯.我们如何学习:全视角学习理论[M].孙玫璐,译.北京:教育科学出版社,2010:170.

能够以问题解决来牵引学生不断将学习引向深入,这些我们都可以在观察中找到重要线索。观察者对于个体学生学习困顿之处的觉知与分析,可以为教师的教学设计和实施提供实质性的帮助。

四、学生间的社会关系呈现之时

为了能够对学生的学习历程进行深入的观察,我们选取了一位焦点学生,每位学生都有一个复杂的生态圈,这位学生的具体表现往往是与周围重要他人密切相连的。学生是否得到同伴的认同和关心,学生是否得到了教师的关注和平等对待,这些都构成了学生的重要学习环境和学习资源。如果我们有足够的精力,能够观察到学生与其外在的环境、伙伴之间的互动方式,也是我们进行分析和思考的重要方法。同时我们还要去考虑学生的家庭背景等,这些都是可以进行系统化考虑的要素。佐藤学提出"串联"的重要性,要把教材与学生串联起来,把一个学生同其他学生串联起来,把课堂里学习的知识同社会上的事件串联起来,把学生的现在同未来串联起来。[①] 对于研究者来说,要获得关于焦点学生更多的关键信息,对学生有全面而深入的了解,这样才能真正诠释学生的学习。

五、学生学习成果特征显露之时

观察者对于完整学习过程的持续关注,就会发现学生学习成果的逐渐呈现。如果我们采用学习单等方式来辅助学生的问题解决,就可以清楚地看到学习成

---

① [日]佐藤学.教师的挑战——宁静的课堂革命[M].钟启泉,陈静静,译.上海:华东师范大学出版社,2012:6.

果的表达，观察员可以协助执教教师对学习成果进行全面系统的分析，这对于了解学生普遍的困难和问题，发现学生独特的观点和方法具有重要意义，我们可以通过对学习成果的反馈，对学生进行及时的纠正和强化。因为执教教师所看到的往往是学生的学习结果，而很难把握过程性的信息，而观察员却清楚地看到学生的问题解决过程，因此当我们将学生最终学习成果与学生完整学习过程进行综合分析，学生学习的证据链会更加全面和真实，这对于学生的学习起到了质量跟踪的重要作用。

课后，可以对所观察的焦点学生进行深度访谈，对学生的学习成果进行二次分析。关于课堂中的关键内容或者课堂发生的关键事件，要与学生进行对话，对学生的学习效果、学习体验、学习意愿、学习困难等进行进一步的确认，挖掘其中深层次意义，从而对课堂中的关键事件进行深刻的检视，从而增强课堂观察获取证据的丰富性和完整性。如有必要还可以做面向全班学生的问卷调查或者访谈，从而在更大范围内对课堂观察证据进行确认和完善。

总之，动态的、难以预判的课堂事件中包含着很多的参与者，而且很多事情发生的很突然。多数课堂事件的发生是快速的，所以多数真实的课堂事件都是来不及记录的。[①]

这需要观察者一直对焦点学生保持关注，并且保持对课堂中关键事件的敏感性，对于焦点学生学习过程中的动态信息有充分的把握，并且将焦点学生的学习过程进行前后事件的串联和对比，从而分析出焦点学生学习变化的规律，并且要将学生学习中的关键事件与教师的教学设计、学生之间的社会关系以及学习任务之间进行有效的串联，从而形成对关键事件的阐释能力，并在学生学习的关键事件中进行自我反思，从而获得分析课堂关键事件、阐释学生学习困

---

① Richards, J. C., & Farrell, T. S. C. *Professional development for language teachers.* New York: Cambridge University Press, 2005.

境与需求，并据此进行教学反思与改进的能力，并塑造和改造自身的教育哲学。

课后研讨：根据动态学情改进教学设计

　　课例研讨是课堂观察与研究的重要组成部分，这是教师们回顾自己的课堂观察内容，反思课堂中关键事件，并从中进行学习和研究的重要时机。为了让所有教师都平等参与到研讨对话中来，我们确定了课例研讨的"非评价性原则"，即不对执教教师进行简单的评价，不去评判教学的好坏，而是将每一节课作为研究学生如何进行学习的课例载体。每位观察者与执教教师是完全平等的，作为平等的研究者，共同探讨学生在课堂上的学习情况。

一、关键事件回溯与多元化分析

　　一直以来的课堂观察具有"重评价、轻研讨"的倾向。很多教师在课堂观察之后并不参加课例研讨，特别对于自己认为不太成功的课则报以"不值得研讨"的态度。事实上，每一节课都值得深入研讨，研讨的价值不在于判断课堂成功与否，而在于真正深入理解和发现学生。如果持续关注我们会发现，每一位学生在一节课中也经历了复杂的学习过程，这个过程是由很多环环相扣的事件构成，如果不去关心，不去理会，或许都只是一件件小事，但对于观察者来说，课堂中所发生的事件的价值需要观察者去衡量。回溯那些触动内心的关键事件，将引发我们不断地思考。经过长时间的、持续性的个案观察和研究，观察者将得到很多有价值的、有依据的关键性结论。

　　课例研讨的过程中，观察者将自己所观察的个体学生的学习过程进行描述，特别是结合录像和照片等图像数据，将学生学习过程中的关键事件进行阐释和分析，重点突出这位焦点学生的学习特点、学习方式以及学习困境，让每位观察者根据具体情境对学生的学习过程进行分析和判断，并从中进行反思和学习。

每一位观察者重点关注一位学生，能够获得对这个学生的全面、具体、生动的信息，这对于深入研究每一位学生独特的学习方式是极为重要的。同时，为了保证对全班不同学习基础和学习类型的学生的关注，就要通过教师团队的共同观察和协同研讨来实现。教师团队中的每个人都需要认真倾听其他观察员对其所观察学生的学习情况的汇报与分析，这是课例研究团队存在的重要价值。互相之间的平等对话，不但能够扩大观察对象的数量和类型，弥补信息缺陷，而且可以对关键事件进行多元化分析，让每位观察者看到一件关键事件可能引发的不同的思考和观点，这对于厘清事实、深化分析是大有裨益的，在对学生学习历程和关键事件的分析和探讨中，以学生学习研究为中心的教师专业共同体逐渐形成。

二、重新发现学生与改进教学

课堂观察的核心目的是让每一位观察者回到教学现场，重新发现课堂中的每一位学生，发现每一位学生的独特性，如他们每个人不同的身心特质、不同的学习困境与心理需求；发现他们学习过程的困境，并尽可能帮助他们解决学习困难和障碍。每个人获得学习成果的艰难与复杂，当我们真正用自己的双眼真切地看到这些长期被隐藏的真相时，我们就会对教学设计的适切性进行再认识，而课后研讨的过程就是让每一位观察者去发现，并且通过平等对话产生互动和共鸣的过程，也是通过对学生学习情境的回溯来自觉进行集体性反思的过程。

对学生学习的观察要深入细致，而此后的研讨和反思更要慎重、深刻。在研讨的过程中我们要看到每一位学生可能面临的认知困境，以及学生的迷思概念在哪里。为什么很多学生就某些问题产生的类似的错误难以解决，是否可以通过完善学习设计来弥补和解决？学习设计的改进是需要不断迭代的，最初教师主要着眼于学生学科知识的获得,即如何帮助学生解决目前明显的学习困难;而后要去思考学生在学习方法上的缺陷和问题,通过怎样的学习能够提升学生对学习的学习兴趣,优化其学习方法;接下来则要从学生综合素养发展的角度去思考,如何让学生自觉运用所学知识进行实际问题的解决;最后也是最重要的是,如何引导学生进行全新的创造,充分发挥学生在学习中的主动性、内驱力和创造力,只有这样的学习才是持久的、深刻的。教师作为观察者和研究者,要结合学生当下的学习需求和长远的发展可能,不断更新和迭代学习设计,给学生以强有力的专业性的支持。

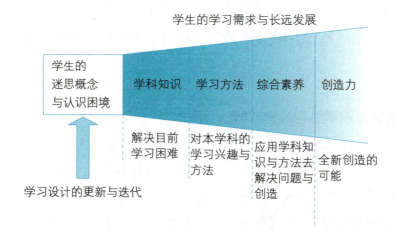

图2 学生的学习需求与长远发展模型

焦点学生完整学习历程观察与关键事件分析具有比较普遍的适用性,无论是教育研究者还是一线教师都可以使用,这种研究方法不依赖于外在工具,主要借助观察者的专业视角和专业判断,使每一位观察者成为专注的倾听者,倾听来自儿童的任何微小的声音,敏锐地感知儿童身心发展的需求,这是精准把握学情的重要方式。对个体教师来说,通过焦点学生学习历程观察法可以深入了解每一位学生的具体学习情况,从而进行更加科学、精致化的学习设计,并对学生进行个别化指导;对于学校来说,转变传统的校本教研方式,教师以学生的学习为观察重点，并以"分析学生的学习历程，讲述学生的学习故事"作为研究的重点内容，将大大提升教研活动的有效性，为课堂变革提供更加清晰、明确的证据指向，并逐渐形成教师之间的"同僚性"（collegiality），促进教师专业能力的整体提升。

但同时，在实践中我们也意识到，焦点学生完整学习历程观察与关键事件分析对教师的专业要求比较高，需要教师对学生保持高度的敏感性和投入度，还要具备透过学生的外在表现分析学生的内在心理和认知过程的能力。这需要教师观察经验的不断累积以及对观察案例保持积极的反思。另外，此类观察法要根据学校和教师的需求不断迭代和发展，学校和教师以此方法为基础，根据自身的基础和特点进行创造性的改进和实施。未来，此类观察法必然与脑科学、信息技术等进行有效的结合，逐渐进化为多元化学习分析的方法。

课堂观察与研究绝非易事，观察能力的获得需要通过大量的实践去形成。我们必须借助持续的、反复的、客观的观察，不断地对儿童的学习以及教学进行重新评估。通过观察我们将更好地理解儿童、尊重儿童，从而获得为儿童创设良好生活和学习环境的能力，这样学生才能获得安全感和自信力，从而更加独立、快乐、自由地学习。总之，更加深入地了解儿童，为儿童提供更加公平、有质量的教育是我们的根本目标。以教师为代表的成人要转变为儿童世界的倾听者，以学生真实的学习为中心开展研究与实践，向儿童学习、向教师同伴学习，从而形成真正意义上的学习共同体。

如何保障每一位学生的高品质学习

第二章

教学的起点：真正了解学生的已知与未知

随着课堂观摩的不断展开和深入，我的脑海中不断地浮现一个问题：学生的真实学习到底发生在什么时刻？学习是从未知走向已知之旅，学生开始产生疑问，形成新知，这无疑是学习的开始，但在很多课堂上却缺少这样的关键时刻，某一天，我连续听了四节课，对六位学生的学习过程进行了观察和分析，令我深感学习真实地发生何其艰难，这引发了我的深思。

在课堂观察的过程中，我采用的观察方法是：基于焦点学生完整学习历程观察。所谓焦点学生就是选择某一位学生作为观察对象，对焦点学生的表情、动作、语言、互动方式、学习成果等进行全面的观察和分析，这样有利于获取这位学生学习过程中的完整信息，形成该学生学习的"完整证据链"，可以对焦点学生的学习风格、学习困难、社会关系以及心理状态进行综合性的分析与判断，从而真正理解学生的学习状态和学习需求。

一、脍炙人口的古诗，学生到底哪里不懂

第一节课是语文课，课题是"登鹳雀楼"。这首诗是王之涣的五言绝句，可

以说是家喻户晓，很多学生在学前阶段就已经会背诵了。"白日依山尽，黄河入海流。欲穷千里目，更上一层楼。"我不禁有些好奇：学生们对这首诗的理解会有什么不同之处吗？

我所观察的焦点学生是一位名叫俊熙（化名）①的男生。上课后两分钟俊熙同学就开始举手，老师布置的学习任务，他都能够快速完成。上课前12分钟主要是朗读诗歌和吟诵诗歌，俊熙同学表现得非常积极，老师要求读一遍，他都是读三四遍，而且还要与对面的男生比赛来读。他在吟诵的过程中，平仄音把握得非常准确，与其他学生共同读课文的时候，更是声音洪亮。从俊熙同学的表现来看，他已经把这首诗读得滚瓜烂熟，而且能够背诵下来，那么，他是理解了这首诗吗？

直到上课第14分钟的时候，我看出了一点端倪。老师问学生"诗中描写了哪些景色？"俊熙同学把头转向边上的启航同学，两个人商量了一下，俊熙认为诗中描写的景色有"山"和"日出"，启航同学认为是正确的。因为时间不够，所以他们就没有继续讨论。恰巧老师找到俊熙和启航两位同学来分享，俊熙同学说："这首诗中的景色有'山'和'日出'……"有同学提出了反对意见，认为诗中写的景色是"日落"而不是"日出"。这让我意识到虽然俊熙同学看似已经读得很熟练了，但是他并没有完全领会诗句的意思，否则他也不会把"白日依山尽"理解为"日出"了，另外，如果他再好好品读，诗中描写的景色可不只一两处，而俊熙同学竟然完全没有意识到。

在上课第27分钟的时候，老师让学生四人一组说一说"欲穷千里目，更上一层楼"是什么意思。先是前排的男同学说："我知道最后一句，意思是爬到山顶。"俊熙同学说："他已经在山顶了，还要怎么爬呀？"前排的女同学问了一句："'欲穷千里目'的'欲穷'是什么意思？"男同学回答说："'欲穷千里目'

---

① 书中课堂观察中的学生名字均为化名。

的'千里目'是指很远的地方,'欲穷'我也不知道。"俊熙同学很有底气地说:"'欲穷'还不知道,就是'穷'的意思嘛。"听了他们两分钟简短的对话,我更加确认了之前的判断,原来俊熙同学和他的同学们对这首诗的理解确实存在误区,俊熙同学认为作者已经在"山顶"了,但其实作者是在"楼中",而且不是在"顶上"。最神奇的是俊熙同学认为"欲穷"的意思就是"穷",这说明他对"欲穷千里目"这句话其实是不理解的。

从整首诗的内容来看,作者前两句是写景,后两句则是阐释哲理,而"欲穷"二字正是这两部分内容的承接,正是作者从"眼中之景"到"心中的理"之间的扣合之处,学生们恰恰在这个关键的地方没有弄清楚,可能是因为他们对"欲"字的基本意义不太理解,另外,他们被"穷"的基本含义误导了,"穷"除了表示"贫穷"之外,还有"穷尽"之意,而学生们之前并没有遇到过这种解释,所以将"欲穷"理解为"穷"。

此时,我豁然开朗了。原来学生的不解之处在这里,从字面的含义来看,是不理解"欲穷"的意思,实际上是对本诗的深层次意义不清楚,他们能够理解的是作者眼中的景物,不能理解的是作者心中的抱负。但是遗憾的是,在后面的10多分钟里,老师并没有讲解"欲穷"的意思,也没有对这首诗的深意进行挖掘,这时候俊熙同学的学习热情开始衰退,表现出心不在焉,甚至两次打哈欠,抹眼睛,在临近下课的时候,眼睛已经红了。这让我看到当我们一直在重复学生已经懂的内容的时候,学生是多么无趣;而当学生不懂的内容我们一直没有点拨、提及的时候,学生又是多么无奈。这节课对于俊熙同学来说,未能获得他所期望的新知识,对于这个学习能力极强的俊熙同学来说,无疑是非常遗憾的。

二、用字母表示数,对学生们来说困难在哪里

在接下来的数学课——《用字母表示数》上,我所观察的是另外一位男生

熙源同学。熙源同学给我印象最为深刻的是，他的坐姿一直非常端正，自始至终几乎没有变动过，表情也极少。只有在老师故意打趣的时候，他的表情才有所缓和，有了些许笑容。

7分钟过去了，老师抛出了第一道问题：学生的年龄是11岁，老师的年龄比学生大20岁，根据学生的岁数，填写老师的岁数。这个问题对熙源同学来说很简单，他直接就把5个空格补齐了，即学生在11岁、12岁、13岁、14岁、15岁的年龄，依次对应的老师年龄为11+20、12+20、13+20、14+20和15+20（岁）。

但在"据此得出什么结论"这个问题的回答过程中，熙源同学犯了难，他不知道应该怎样表示，他看了一下边上竞帆同学的学习单，没有看懂，于是自己犹犹豫豫地写了一个式子：11+20+1+1+……=？然后底下补充了一句话：岁数差永远是20岁。课后，我仔细研究了这组的三位同学对这个问题的回答，坐在熙源同学对面的晏存同学写道：假如 a 等于学生的岁数，那么 $a+20$ 就等于老师的岁数。而边上竞帆同学的答案则是：学生的年龄是 A，老师的年龄是 B，$A+B=31$，$11=A$，$20=B$。可见，熙源同学对如何用字母表示数还是不太清楚，他还没有想到可以用字母来表示学生的年龄（变量），而20是固定的数字（常量），更没有理解学生年龄和老师年龄之间的关系；晏存同学虽然写出了"学生年龄（a）+20"，但还没有清晰地表示出学生年龄和老师年龄之间的关系；竞帆同学虽然知道把学生的年龄用 A 表示，老师的年龄用 B 表示，但他对老师年龄和学生年龄之间的关系的认识是错误的。

本组的三位同学对本节课最基本的问题都存有疑问。但是，老师并没有看到这样的疑问，教学一直在继续，而他们的疑问一直没有得到解决。而且这些学生并不清楚自己的答案问题出在哪里，老师也没有安排时间对这个问题进行解决。

熙源和他的同学们一直被困在这个问题上。其实这个问题对于学生来说是极为重要的，是本节课最为关键和困难的问题，但是老师没有把时间花在这个核心问题的探讨上，所以，学生们对这个核心问题没有真正理解。

接下来老师讲如何准确地用字母表示数的写法，如 $B-20$，$Q-2$，$Q\times 4$，$Q/5$ 等等。我仔细观察熙源同学，他姿势一直保持不动，老师提问其他同学时，他都会认真倾听，但是在此过程中，我有一个重要发现：熙源同学总是在很多人齐声回答之后才跟着回答，其他人摇头或者点头，他都是紧跟其后，在这个过程中，他没有表现出自身观点的独特性，一直处在"从众"状态，老师让同学们看书自学的时候，他也是一带而过，没有进行圈画和标记，在学习过程中处于一种自我学习意识薄弱的状态。但在老师出的"表示方法"自我检测题中，熙源同学很快就得出了答案，而且每一个问题的回答都是正确的。这在一定意义上说明对于如何用字母来表示数，即"表示方法"学生是比较熟悉的，没有遇到太大的困难，但其实这节课花了很多时间在这个部分，现在看来有些得不偿失。

通过对这两节课的分析，我们可以清晰地看到，学生真实学习的发生非常困难，可以说这是对我们老师专业性的巨大挑战。要使教学真正产生作用，我们就必须了解学生到底对哪些内容是不熟悉的，对哪些内容是模糊的、误解的、困难的、容易产生迷思的，必须由老师来点拨和提炼。同时老师还要清楚哪些内容是学生已知的，对他们来说是容易的、清晰的、没有必要重复的，我们就不需要在这些内容上花费太多的时间。但如果不真正了解学生的学习历程，那么我们的教学就很可能难以产生应有的效果。

在课后研讨的时候，有老师提出这个问题：如何才能了解学生的已知内容与未知内容？我总结了一下，或许可以有以下三种重要的途径：

一是经常做课堂观察员。我对课堂教学的真正理解或许就是从做观察员开始的。观察员这个身份让我们暂时放下老师的权威，搁置我们的执教者立场，站在学生的立场去重新看待课堂中发生的事情。只有平心静气地坐下来，真真切切地走进学生的内心世界和学习生活,我们或许才能真正看到课堂的真相,或许会看到一个完全不同的学生世界,但这个世界是真实的,需要我们去敬畏。

二是经常分析学生的学习成果。据我观察,多数中国课堂是没有学生学习成果和作品的呈现的。很多课堂都是老师在讲,学生在听,听课的效果如何,我们几乎很难了解。所以很多老师在课堂上常常是比较盲目的。现在我们提倡老师设计学习单、学习任务,让学生的学习具体化、成果化,通过分析学生的学习成果,我们可以更多地了解学生的学习状态,并了解他们的学习困难和误区出现在什么地方。有经验的老师往往会在课后回收并分析这些学生的学习成果,从而找到学生学习效果的过程性证据,而不是等到考试时再亡羊补牢。

三是经常让学生表达自己的观点和看法,特别是让学生提出问题。在中国的课堂上,老师虽然经常提问题,但据我观察,多数问题都不是真正想让学生去思考和回答的,而只是为了能够顺利接续下一步的讲授而走的"过场"。即便是让学生讨论,也只有一两分钟的时间,很多学生没有开始思考或者没有机会表达,早已经进入下一个环节了,所以,其实学生是没有什么机会表达自己的观点的,更不用说提问了。时间长了,学生就不再问问题了,因为他们觉得那样会耽误老师的时间,是不合时宜的。学生真实的心声一直被掩盖着,老师越来越不能了解学生到底是怎么想的,就只能根据自己的教学经验走下去。在教学过程中,老师如果能够让更多的学生有更多的机会表达自己的真实想法,提出自己真实的问题,那么真实学习就可能自然地发生了——这才是我们的教学真正的起点!

真实学习从学生安全地说出"我不懂"开始

课堂观察是一件令人着迷的事情。因为我们不知道自己会与怎样的学生相遇,也不知道下一刻会发生什么。基于焦点学生的观察,我静下心来,把自己的呼吸调整到和这位学生同一频率，然后用心去体会和感知这位学生的所思所想、困惑迷茫，对他的遭遇感同身受，对他的可能性充满期待。这是观察者与被观察者之间的同呼吸、共命运，只有这样才能在看似平凡、平淡的课堂上，发现那些不平凡的真实，这就是我们要去发现的"学生学习的奥秘"。每节课上我都看到不同的学生，他们在不经意间会暴露真实的自我，而这就是我们要去找到的"学习的证据链"。只要细心观察，每一次的发现都可能令人震惊不已。

一、学生为什么不再敢走出安全地带，说出自己的疑问

这是一节英语课 *No More Toys*，这节课上我集中观察了两位男同学——可非和宣言，他们是同桌。在上课之前，学生们把自己制作的单词卡片拿出来互相分享，即："What's your favorite toy？"可非同学把自己制作的小卡片拿出来，小卡片做得非常精致，中英文对照，他的玩具有：teddy（泰迪熊）、puzzle（拼图）、car（汽车）、kite（风筝）、篮球（basketball）。

与可非同学相比，宣言同学的作品引起了我的注意，他制作的卡片有些粗糙，但上面的单词却比较生僻：toy car（玩具车）、marble（弹珠）和 bricolage（拼装）。有意思的是：宣言同学向同桌展示自己的小卡片时，他自己却不认识自己写的单词了。他问同桌可非同学：marble 和 bricolage 两个单词怎么读？可非同学也不知道。他们又问对面的两个伙伴，他们都不知道怎样读。恰好老师在巡视，宣言同学问老师这两个单词怎么读，老师说："我也不认识呢，你自己带来的词自己不知道怎么读吗？"宣言同学说："我爸爸帮我查了一下，也告诉我读音了，我忘了。"过了一会儿，老师拿来了手机，于是宣言就拿着老师的手机，和几个小伙伴开始查单词 bricolage，宣言同学不太熟悉手机查单词的方法，但总算还是有进展的，最后查到了这个单词，这个组所有的伙伴都凑过来看看到底怎么读，并跟着手机读了几遍。另外一个词 marble 没有

来得及查就开始上课了。在查字典的过程中，我们可以看到每一个伙伴热切的眼神，他们都渴望知道单词的读法。

上课 10 分钟左右，老师让每位同学拿一张自己手上的卡片到讲台上去，排队说出自己手中的单词，尽量不要重复。我看到可非和宣言两位同学都到讲台上去排队展示了，我继续观察这两位同学的表现。可非同学第 6 个发言，他说了一个单词——basketball，可非同学顺利地通过了，他的单词被贴在黑板上，他回到自己的座位上。宣言同学是第 7 个，他拿了自己三个单词中唯一认识的一个词"toy car"，或许是因为很多学生都对车很感兴趣，前面有两个同学分别是 car 和 mini car，都通过了。到宣言同学了，当他说出"toy car"的时候，老师迟疑了一下，告诉他："你的单词已经有人说过了。"我看到宣言同学不知所措地在台上停留了 30 秒，老师再次让他回到座位上的时候，他才反应过来，并慢慢地走下讲台，回到自己的座位上。之前很专心查字典的宣言同学陷入了沉默。后面老师说的每一个任务，包括唱英语歌或者进行对话，他都是面无表情、亦步亦趋地跟着前面的可非同学。他说话的声音很小，几乎是听不见的，只能看到他的嘴在动，只有到"oh no"的时候，声音才有所提升，底气也更足一些。

上课 30 分钟左右，老师要求学生们写出相应的歌词，并唱出歌曲。可非同学并没有被写歌词的任务吸引，倒是有一个特殊的句子吸引了他的注意力：hi-ho——the derry-o。他不知道这个句子是什么意思，于是他问边上的宣言同学，宣言同学的回答是："这个我们二年级的时候学过的呀，我们学过的。"正当他们悄声地讨论这个句子的意思时，老师再次走过他们身边，我以为他们会询问老师，但这两位同学并没有这样做，而是选择假装认识所有的单词，假装已经完成了老师布置的所有学习任务。

在对这两位男同学进行观察的时候，我对他们的不同表现以及他们的前后变化很有感触。上课之前，当学生们拿出自己在家里制作的有关玩具的卡片时，我对可非同学和宣言同学的卡片进行了对比。可非同学写了五个单词，宣言同学写了三个单词。但从难度上看，可非同学所用的单词无疑是比较常规的：泰迪熊、拼图、汽车、风筝和篮球，这些单词都是之前学过的常用词。可非同学曾尝试用新单词，他写了"积木"，但后来又擦掉了，说明他不知道"积木"的单词怎么写，所以改成了"拼图"（puzzle）这个词。而宣言同学三个单词中的两个词都是生僻词，老师一时都想不起如何读，可见其难度之大，但宣言同学还是写在卡片上面，并敢于向老师请教，还在老师的指导下查了字典。从上课的过程中，我们可以看到可非同学的英语基础是相对比较好的，但是他一直不敢走出自己的舒适圈，也没有机会去认识和使用新的单词，他在追求尽量不要犯错。而宣言同学并没有给自己设限，他或许只是单纯地想到自己最喜欢这三种玩具，即便不知道玩具的英文读法，仍然认真地写在卡片上。从这一点上看，在上课之前的阶段，虽然宣言同学的英语基础并不太理想，但他的学习态度是更加积极进取的。

在上课的过程中，宣言同学的表现发生了变化。特别是在进行单词展示的时候，宣言同学遭遇了困境，他是所有上台展示的学生中唯一一位被筛选下来的学生，这让他的学习热情和信心遭受了极大的打击，导致他整节课都闷闷不乐。当他们再次遇到不认识的单词"hi-ho the derry-o"的时候，可非同学保持了一贯的保守风格，没有去询问老师，而宣言同学也因为遭受了打击，而不敢再去询问，他们在后半程都表现出退缩不前的状态，同时选择了避免错误，不主动去接受未知的挑战。

二、在海量的信息面前，学生的探究从哪里着手

这是一节综合实践课——"研究'筝'有趣"。我所观察的焦点学生是袁洋（男生），以及慧慧（女生），对面坐着的两位也是一男一女两位同学——伟烨

和钰彤。上课之前，我仔细研究了四位学生的预习单，发现袁洋同学的预习单内容最为复杂，不但包括风筝的起源、风筝的作用、风筝的分类，还有风筝的做法和关于风筝的古诗，分类清晰、内容翔实，还用不同色块进行分类，并打印出来。慧慧关于风筝的预习内容是手写的，主要是风筝的来源、历史和传说，而且内容之间相互混杂，不太清晰。钰彤则画了一幅风筝的图画，上面写了9个字"风筝是用鱼骨做成的"，伟烨的学习单上写了两行字："世界上最早的风筝是墨子用木头刻出来的一个风筝，不过飞了三天就坏了，（某）朝代时风筝还是求救的道具……"

在上课的过程中，老师先让同学们把自己预习的资料讲给其他同伴听，慧慧同学先读了自己写的一段关于风筝历史的资料，然后她让袁洋同学也读一段，袁洋同学收集的内容非常多，所以就读了其中的一段，也是关于风筝的历史的内容。伟烨同学因为写的文字比较少，而且不甚清晰，所以他站起来，脱稿交流，还没有说完，时间就到了，所以，钰彤没有机会表达自己的观点。

接下来，老师让同学们把这些观点进行分类，同学们找到的资料真的是五花八门，分类的确是一件困难的事情。在这个过程中，因为袁洋和慧慧两位同学准备了比较多的材料，这使得他们沉浸在自己准备的资料中不可自拔，一直在举手，要求回答问题。但是可能因为他们坐在最后一排，所以老师一直没有看到他们。于是袁洋开始打哈欠了。其他人在回答问题的时候，袁洋并没有听，他一直在读自己的资料，其中有个字"翟（dí）"不认识，还回头询问我。

在搜集和整理课题之后，老师请同学们组内讨论一下最想研究什么课题。这四位同学都表达了自己的看法，有的说研究"风筝的制作者"，有的说研究"风筝的做法"，有的说研究"风筝的古诗"，莫衷一是，最后慧慧同学提议做"关于（风筝）做法的研究"，于是袁洋同学拿过这个组内唯一的一张绿纸条，在上面写"关于风筝做法的研究"。对面的伟烨把这个纸条贴在黑板上，钰彤同学和袁洋同学帮忙把学习单后面的胶带撕掉，表示两个人也为这件事情贡献了力量。

在其他同学讲自己小组的想法的时候，慧慧同学忽然说："我们应该制作风筝，并尝试放飞风筝，我们可以做一个表格，记录一下。"她默默说着，并让袁洋同学举手说出这个想法，袁洋同学的手被慧慧同学推着举起来。当老师请袁洋同学来回答问题的时候，袁洋同学不知所措，于是慧慧同学小声说一句，袁洋同学跟一句，两人如同"唱双簧"一样，把这个问题回答了一遍。

这节课是综合实践课，是以风筝的研究为例，教学生如何做课题，带领学生进行探究。这样的探究课往往有这样的共性特点，即学生在课前就查阅了很多资料，在课堂上学生们就是把自己准备好的资料以各种方式去交流一遍。有些学生占有的资料比较多，所以一节课都没有时间去思考，也没有意愿去倾听，他们只想把自己掌握的资料一股脑地说出来。但是，据我观察，很多学生虽然找到了资料，但是并不一定理解自己所查找的资料，有些资料是家长帮助搜集的，虽然内容很翔实，但实际上学生并没有真正掌握。

于是，我们必须问一个问题：在这个拥有海量信息的时代，我们到底如何指导学生去探究呢？学生进行探究的核心动力是什么呢？实际上，探究的核心动力是——疑问，即学生所感兴趣的问题。只有以问题为抓手，以问题解决为目的，学生们所查找的资料才是真正有用的，学生们才知道如何对资料进行取舍和安排，而不是堆砌资料。对于研究来说，首先就要确定问题，分析问题，然后才是解决问题，而查找资料是解决问题的方法和手段之一，运用得当有助于问题解决，资料占有过多，但没有被很好地理解和运用的话，有可能成为研究的障碍。因此，在这节以探究为目的的课上，恰恰缺少了关键的要素——提出问题。缺少问题，研究便无从谈起了。

课堂观察留给我诸多思考，并让我对学习以及学习成果有了新的认识。学习既是学习者探索未知世界的过程，也是学习者寻求自我突破的过程。如果在课堂上，我们总是有机会让学生有勇气去探索和发现新的世界，去超越自我，无论成功或者失败，都保持着探索和超越的勇气与动力，那么我们的课堂无疑就是成功的。这也是学习真正发生的条件。当我们的教学没有触碰到学生真正的疑难点和问题点,或者没办法让学生安全地说出自己"不懂"的内容,学生很可能就处于虚假学习和浅表学习的状态。要改变这种状态,关键在于老师对学生学习的真正理解和把握,用有效的学习设计来触动学生学习的发生,这就是课堂的真正价值所在。

什么是高品质的课堂
——《佐贺的超级阿嬷》

从科研前辈黄建初老师那里得知浦东有一所新建初中 W 中。2015 年建立之初,由于周围配套的小区入住率比较低,所以生源很少,学生总共只有 70 人左右,老师有 19 人。记得 2015 年"六一"儿童节汇演的时候,W 中所有的老师和学生都上台表演节目,邀请黄建初老师来参加活动,看到每一个学生都在台上表演节目,每一个老师都参与其中,黄老师热泪盈眶,为此还特别撰文纪念,在黄老师看来,这是真正做到了"一个都不能少"。

后来黄建初老师带我认识了 W 中的 S 校长,S 校长带我参观了整个校园,校园的内部设施可以说是非常先进,校园占地面积也非常大,只是学生人数只有 150 多人,整个校园显得有些空旷。偌大的学校只有六年级和七年级两个年级,每个班都在 20 人左右。我对 S 校长说:"你们学校的条件得天独厚,20 人左右的班级是发达国家的标准。"S 校长笑了。我当时非常敏感地意识到这对 W 中来说是一个机遇。在 S 校长的邀请下,我和全校 19 位老师交流了如何进行学习共同体的课堂变革,因为交流得很投入,晚上 6 点多才结束,黄建初老师全程在场,而且还建议我上一次学习共同体的课,让老师们真真切切地体会一下,S 校长也非常赞同,于是就初步约定了上一次学习共同体的语文课。

一、学情分析

我不是专职的语文老师，而且面对的是从未见过面的学生们。从 S 校长和黄建初老师的话语中，我了解到 W 中七年级的学生以农民工子弟学校的毕业生为主，因为缺乏生源，这里的学生几乎都是择校不成才选择了这里。学生的学习习惯不太好，包括日常的生活习惯也不太好，有些学生虽然是初中生了，但有的学生甚至连自己的名字都写不太清楚，有的学生在课上几乎没有发过言，有的学生脾气暴躁，不愿意与人交流，老师也曾经做过努力，但是效果不佳，所以老师也有些失去了信心。S 校长是有 30 多年教龄的经验丰富的教育工作者，但是面对这样一种情况，S 校长也是一筹莫展。

这对我来说，不能不说是一个巨大的挑战。我考虑到这些学生多数的认知能力并没有问题，他们在学业上的困难，多数是因为家庭环境的弱势、生存环境的不利造成了自卑甚至恐惧，对现有生存环境的不满以及对未来的迷茫是学生学习逐渐陷入困境的主要原因。对这些学生来说，要让他们从自卑的、无助的、恐慌的内心环境中走出来是首要的工作。于是，我把这节课的教学目标定位在：让所有的学生都在这节课上找到亲近感、存在感，让课上从未发言的学生有机会参与进来。学习共同体是一个循序渐进的过程，要进行长时间的培育，这节课不要着急，用最缓慢、舒服的方式进行，给这些孩子以心理的安全感与愉悦感，让他们对上课不再恐惧。

二、学习环境重新设计

我在参观校园的时候，特意考察了一下教室，每个教室都宽敞明亮，空间很大，后面还有宽敞的储物柜，每个学生一个小桌子，学生都是分开坐的，几乎不能产生任何联系，虽然我还没有听课，但是我已经可以想象孩子们上课时的场景。为了能够让学生之间产生联结,为了能够让学生更加安心地学习,让学生感受到轻松和愉悦,我与 S 校长约好了进行"班级改造大作战"。我向 S 校长提出,桌子要摆成 U 字形,4 人一组,S 校长说:"可以的。"我又提出要给每一个桌子铺上绿白格子的桌布,每个桌上摆上一个淡粉色的桌花,S 校长问道:"红白格子的桌布可以吗?"我答:"就用绿白格子的吧。"另外,我还有个要求:给孩子们一人准备一杯茶。S 校长虽然觉得这些要求有点奇特,但是还是愿意做这些尝试,我跟 S 校长说:"我们现在要用世界上最先进的方法来进行教学。"S 校长笑着说:"还真是挺不一样的,很期待。"然后我又与 S 校长约定"给我两节课连上的时间,用 80 分钟来上这节课",S 校长面露难色,他觉得平时每节课 45 分钟学生都很难坚持到下课,如果是 80 分钟,不知道学生会不会坚持下来。我请 S 校长放心,并解释道:"首先要建立学生相互协同、相互倾听的关系,而且要有更充分的时间让学生深度学习,需要时间长一些。而且从初中教学总体进度来看,一篇好文章讲 2~3 节课也是正常的,只不过是两节课连上。"S 校长虽然将信将疑,但觉得既然让我来讲课,就听我的安排吧。

学生学习环境的营造是老师一项很重要的工作,但是我们之前都不太重视。从学习心理学的角度来说,学习环境的设置对学生有很强的心理暗示作用。比如,当学生全部面朝老师,每个学生都分开坐,就是告诉学生:学生都要听老师的,不要有自己的想法,也不要试图和其他学生交流。而采用 U 字形的座位,让学生面对学习任务、面对同伴,和同伴坐在一起,就暗示学生不要总把注意力放在老师这里,而是要把精力放在学习任务上,遇到困难,也不要总想求助老师,要先自己思考,与同伴互相学习,自己能够解决的问题,一定要自己想办法解决。

铺上"绿白格子的桌布"、摆上淡粉色的小桌花,并给每一个学生一杯茶,这样的摆设实现起来并不困难,但是绝大多数老师不会想到这样布置教室。而为什么要对这一群孩子特意进行这样的改造？这其中也是有心理学依据的。从学情分析大家可以看出，这些孩子因为家庭条件的限制，学习和生活环境一直都不太理想，他们在学校里、在课堂上也是弱势学生，可以说这个世界亏欠他们很多，他们很少享受到宠爱、信任、关怀和幸福。在课堂上，多数学生的心理是很不安全的，他们不知道如何去面对学习，也不知道如何去面对老师和同伴，他们更不知道如何面对一个从未谋面的"新老师"。我和 W 中的老师们共同创造的环境就是要让学生镇静、安心、舒适，心理的放松愉悦对于学生的学习具有很大的促进作用。为什么要用绿白格子的桌布，而不是红白格子？因为绿白格子具有镇定安神的作用，这种布置仿效了英伦的咖啡馆的理念，让所有人进入这样的环境之后，就会卸下防备，化解不安，舒缓心情。同时，这个环境创设，让每一个人有明显的平等感及被礼遇感，这可以很大程度上刺激人的自尊心和自豪感，会激发人自尊的需求，让这些孩子形成一种"我值得被好好对待"的自尊感，这对人的自我意识的发展具有巨大的激励作用。

另外，这是一个咖啡馆的感觉，每个人一杯茶，给学生的暗示是，今天下午可以畅所欲言，我们就是在喝茶聊天。文艺复兴时期开始形成咖啡馆文化，当时很多的学界名流都是在咖啡馆中进行学术探讨，从而使人类的文明进入一个新的里程。咖啡馆是一个人人平等、思想自由、环境舒适的地方，可以让所有人都进入"看似轻松实则深刻"的思考和研讨状态，而这正是我此时很需要的，这是这些学生从来没有经历过的，而他们内心又极为渴望的。我看到佐藤学对学生的学习环境设计也是很重视的。他要求：学习的场所要柔软舒适，让每个人安心，让孩子产生联结。我发现有的学校就在环境设计上下了很大的功夫，而这对学习是有很强的促进作用的。环境的创设其实并不需要额外的花费，只需要我们的用心。这对我来说是一种尝试，而事实会告诉我们环境创设的作用。

三、文本选择与解读

我面临的另外一个问题就是文本选择。当时是期末，课文几乎都讲完了，所以要么选用下学期的文章，要么选择课外的文章。我肯定要选择能够吸引孩子们阅读兴趣的文本。要吸引孩子，首先要吸引我。我首先对七年级下学期的《外婆的手纹》这篇文章产生了兴趣。这是一篇文字相当优美的散文，是李汉荣先生的纪实性回忆散文，不得不佩服李汉荣先生的文字功底，把外婆的一双巧手以及手中的针线活都描绘成了艺术品，"那丛欲开未开的水仙"和"游在岁月深处的小鱼"一直在我的脑海里挥之不去，这样美好的文字作品应该让学生们好好去体会。

就在我仔仔细细研究《外婆的手纹》这篇文章，进入备课状态的时候，无意中翻开了另外一本书《佐贺的超级阿嬷》，这是日本喜剧泰斗岛田洋七的自传体小说，以8岁孩童"昭广"的口吻描述了他与年迈、乐观的"阿嬷"一起度过的赤贫但快乐的童年生活。这篇小说文字非常纯朴，故事又很有趣，在赤贫的生活中，阿嬷想出种种生活的小妙招儿来化解困难，在很多人看来无法生存的环境中，外婆不但养大了几个儿女，还养大了外孙，没有任何困难能够阻挡外婆生活下去的愿望，这种乐观、豁达的精神也传给了外孙，这个外孙也是一个不会因贫穷而自卑，永远对生活充满期待的小家伙。

整本书笔触简单纯朴，故事也是单纯、风趣，但是我读完却泪流满面。我在想一个问题：我们很多语文教材选择的都是辞藻华丽、文采非凡的文章，但是为什么我读来都不会被带入、不会被感动？而这篇几乎没有任何粉饰的文本为何如此打动人？因为真实！因为与人的心灵契合，因为是以一种真诚的方式在与人沟通，而不是在炫耀华丽的辞藻和过人的文采。想到这些，我就在《外婆的手纹》和《佐贺的超级阿嬷》两篇文本中反复权衡，两篇文本一直被我带在身上反复琢磨，最后我还是选择了后者——《佐贺的超级阿嬷》，主要出于以下三点考虑：

第一，从写作立场来看，《佐贺的超级阿嬷》采用的是"儿童视角"，而《外婆的手纹》则是"成人的视角"。虽然两个作者都是"外孙子"的角色，但《外婆的手纹》的作者是一个曾经懵懂但现在已经功成名就的成人，回首看已经"不在"的外婆。而在《佐贺的超级阿嬷》中，"昭广"始终是一个儿童，他的所有心理活动、语言、动作、想法无一不是一个未曾长大的孩子应有的，"昭广"懵懂无知，被带到一个陌生的环境中，与陌生的外婆生活在一起，原本是带着期望而来，但乡下的生活让他非常失望，好在外婆有各种智慧，让他看到原来生活还可以这样过。这是一个小孩子最平常、最真实的状态，只有身处这个年龄的孩子才能真正体会那种心情，这个"昭广"其实就是 W 中的那些孩子们的真实生活写照，这个"昭广"更容易与 W 中的孩子们心灵相通。

第二，从语言风格来看，与语言美妙的《外婆的手纹》相比，《佐贺的超级阿嬷》语言非常平实、简单，但是却让我感受到了这种纯朴的力量。语言最初是用于交流的，所以简洁和单纯是语言很重要的特点，但是随着口语转化为文字，语言的作用不止是表达意义，还会作为评价人的教养、身份、地位的重要依据，于是对语言的推敲和琢磨成为文字工作者的重要工作。但是，有时候我们也因为过于重视语言和辞藻的美妙而忘记了最真实的表达的意义，也不再会用自己有特色的语言来表达自我，我们会用别人教给自己的更高端的语言来表达，有时候那恰恰不是"我"或者"我的内心"。这使得很多文字工作者写的东西是与现实生活或者与真实的人的内心"隔着一层"，无法让人感受到平等、真诚的交流，让人产生一种"作者无比伟大，我肯定写不来"的距离感。我思考的是，我即将面对的这些 W 中的学生，他们的生活经历比城市的孩子坎坷、曲折得多，他们内心的"故事"非常多，但是他们都没有办法言说，我希望他们能够找回自己的真实话语，在学过这篇文本以后，他们会知道原来朴实的话语也可以写出好文章，他们丰富的内心世界可以得到真实的表达。

　　第三，从文章的体例来说，《外婆的手纹》是散文，而《佐贺的超级阿嬷》是自传体小说。散文以文字和情感见长，而小说则注重人物刻画和情节的叙述。《外婆的手纹》中的情感是一以贯之的，是对外婆的赞美和思念，是对自己童年生活的眷恋和回味，虽然语言非常优美，但在我看来缺少一些变化和悬念，如同微风拂过水面，虽有涟漪，但总体上是波澜不惊。《佐贺的超级阿嬷》写的是"昭广"这个小男孩在乡下与外婆的日常生活，叙事手法虽然平实，但是情节却跌宕起伏，读者像坐过山车一样，随着"昭广"的经历的变化，心情忽上忽下。上一刻还在为"昭广"因为生活艰苦而被送到如"鬼屋般"的乡下外婆家而感到恐惧和不安，没想到早上醒来"昭广"马上就喜欢上了这里的山山水水；刚刚还在想住在这"鬼屋"里的外婆是瘦骨嶙峋、面目狰狞的"山姥"，可是推开门出现的却是"气质高雅的老太太"。这样高雅的外婆本来应该是温暖可爱、对外孙疼爱有加的，但是没想到，这个外婆连基本的寒暄都没有，就把"昭广"带到后厨学煮饭……读者跟随作者穿山越岭，走过无数崎岖，本以为没有出路，没想到柳暗花明又一村，本以为终于可以安顿下来，没想到马上又出了变故。这样跌宕起伏的故事情节具有很强的吸引力，让人内心不得安稳，只想一口气读下去，否则就不过瘾。

　　另外，《外婆的手纹》写的是外婆的针线活，这与W中学生的生活多少还有点距离，毕竟现在的孩子几乎都不太穿手工做的衣服了。而《佐贺的超级阿嬷》中所描述的农村生活却是学生们比较熟悉的，文中全方位地展现了一个农村孩子的衣食住行和他生活的整个世界，W中的学生们对这样的世界是相当有感情的，那是他们最难忘的童年生活。"昭广"身上所发生的略带戏剧性的故事，或许曾经发生在他们身上，虽然不是一模一样。

　　我所思考的是：这些在农村出生、成长的孩子，来到城市，或多或少对曾经的农村生活感到自卑，他们在潜意识中希望通过抹去农村的记忆来适应城市生活，这就使得他们遭遇"自我认知"的困境，他们不知道"我是谁"。从心理学的角度来说，如果这些孩子没有充分的"自我接纳"，没有建立起"自我认同感"，他们的内心是纠结和痛苦的，这不但影响了他们的语言表达能力的发展，而且将会影响他们整个学习生涯和未来发展。这些学生在学校的"不适应"已经充分地表明了这一点。如何能让学生们认识到他们在农村的经历是可贵的，在农村的生活对他们来说可能是一份珍贵的财富。让孩子们珍惜自己曾经走过的每一步路，珍视他们经历的任何"小事"，如果孩子们能够以"开放""关爱"的态度去看待曾经的自己，看待自己成长的环境，那么他们将在"自我同一性"发展的道路上少走很多弯路。

四、学习设计

1. 目标设定：让这些学生初步体会到阅读的乐趣

阅读是一个人成长的重要途径，喜欢阅读的人多数未来发展都会不错。但是对于这群孩子来说，他们在家庭环境中很少能够接触到书，所以他们对书是没有亲近感的，他们没有体会到读书是一件有乐趣的事情，或许在他们看来，读书是一件苦差事，让他们望而生畏。但是并不是他们不能阅读，而是他们没有阅读的环境、阅读的习惯，他们没有遇到适合的好书，也没有遇到能与他们共同品味读书乐趣的人。虽然他们缺少阅读经验，但是我却没有因此对他们降低要求，我要他们读小说的一章，全文很长，而且还要分析人物形象和故事发展脉络，这是非常高的要求。如果没有好的方法，学生会感到困难，会有畏难情绪，我所有的设定和课上的设计都是在做学生的心理治愈工作，最大限度地化解他们的紧张和畏难情绪，让学生知道阅读并不困难，阅读很有乐趣。

2. 让学生充分阅读：至少10分钟不被打扰的独立阅读时间

基于对学生学情以及文本的整体分析，我选择了《佐贺的超级阿嬷》这本小说的第二章"从贫穷到贫穷"，写的是"昭广"从"广岛"这个大城市到"佐贺"的乡下，初来乍到，与外婆最初接触的一段故事。这是小说的一章，约有3500字，共115段。这对七年级的学生来说可算是长文了。因为文章比较长，而且我与学生们是第一次接触，所以一定要给足学生充分的阅读时间，让学生充分与文本进行对话，深入到"昭广"的生活中去，将"昭广"的故事与自己的生活体验融为一体，只有这样深入、不被打扰的阅读才能让学习充分地展开。

3. 冲刺挑战性课题：给文章加合适的标题，并说明理由

关于冲刺挑战性课题的设计，我还是下了一番功夫的。对于好文本来说，冲刺挑战性课题的设计可以有很多方式。文本足够有吸引力，能够让学生沉下心来阅读，有的时候并不需要冲刺挑战性课题的引领。但是要形成协同学习的关系，让每个学生都充分地与文本发生化学反应，冲刺挑战性课题就成为加速化学反应的"催化剂"。

这篇文本比较平实、自然，学生在阅读和理解方面应该没有很大的困难。那么我可以让学生整体把握全文，在理解全文的基础上，再对细节进行理解和剖析。本文题材是小说，小说重点是分析人物形象，把握故事情节脉络，所以研究课题的选择必须能够兼顾这三个方面。经过反复琢磨，我设计了一个课题——"给这一章起一个标题，并说明理由"。

经常写作的人都知道，文章的标题对全文有画龙点睛的作用，文章的标题对全文既是引领，也是概括、总结，标题起得好，全文就倍添光彩。但是标题往往很让人伤脑筋，因为无论用哪个标题都觉得好像还不够火候，还没有把想说的事情说透，所以很多作者往往要在标题上费一番功夫，来回修改，这就为学生不断深入文本提供了契机。而且"写标题"没有对错之分，所有孩子都可

以参与进来，这个问题可以说是没有门槛的，但是一旦跨进了这个门，就会不断地被引进来，没有后退的余地，因为没有最终的正确答案，总有向上走的空间。

4. 主要方法：倾听、倾听再倾听

这节课，我准备了阅读的文本、舒缓的音乐，和老师、学生们一起布置了一个"咖啡馆"的环境，我唯独没有准备的是PPT或者教案。我告诉自己，这节课我坚决不做"喋喋不休的怨妇"，而要做一个"安静的女子"，与孩子们一起享受难得的下午茶时光。我不要给学生设计路线，也不想牵着学生往前走，而是让学生们走在前面，我要做最好的倾听者，不打算要学生记住什么重点、难点和要点，只是让学生用心去体会，与作者、与文中的"昭广"和"外婆"充分地对话，他们得出什么样的标题，或者什么样的结论，我都暂且不去想，因为我没打算框定他们，我只希望他们跟着自己的心走，跟着自己的感觉走，而我相信，他们的真实感受对于自己来说才是最珍贵的，或许这种对阅读的感动和爱可以带他们走更远的路。

五、侧耳倾听、串联起课堂中的故事

上课那天，我提前一个小时来到W中，S校长和黄建初老师很早就等着我了，教导主任C老师带我去了七（2）班的教室，C老师的手上拿着一个很大的托盘，上面是二十杯茶，C老师说"请孩子们喝茶"，我们相视一笑，一起走进教室。C老师说本来有21个孩子，今天有个孩子请假了，还有20人。

1. 与七（2）班初见面：这是一群了不起的孩子

在门外就听到学生们的嬉闹声，走进教室，我眼前一亮。桌子排成了小组的样式，上面铺了"绿白格子的桌布"，而且布置了桌花，真的好美。C老师

说:"都根据您的要求布置的。"我笑了，S校长果然是说到做到。看到S校长和老师们为了这次课做出了那么多的努力，我真的很感动。这次W中的19名老师都到齐了，学习共同体研究团队的老师们听说我要上课，都积极来做观察员。学生们坐在中间摆成了U字形的座位上，而老师则自觉地坐在学生们的边上。

我提前到教室，为的是和学生们聊聊，看看这些不曾谋面的孩子脾气秉性如何，这是了解学情的大好时机。进入教室，学生们就开开心心地大声交流着，因为班级环境焕然一新，孩子们觉得接下来好像要开party了，所以欢呼雀跃。我走进去以后，看到有些桌子的摆放还需要调整，就对孩子们说:"小伙子来帮老师调整下桌子。"这些孩子虽然不太清楚我是谁，但是也没有拒绝我的邀请，三四个孩子过来和我一起搬桌子，他们还试探地问:"您是陈静静老师吗？"我说:"是啊。"他们很高兴地说:"今天您给我们上课吗？"我回答:"是的，但是今天的课很长的，要上80分钟。"有的学生很吃惊，有的竟然满不在乎地说:"没问题，陈老师，今天下午都是您来上就可以。"我不禁笑了，这些孩子还真是有点古灵精怪呢。

桌子全部调整了以后，学生不知道怎么坐。我说:"今天我给大家一个特权，今天你可以选择坐在任何一个座位上，你喜欢和谁坐在一起都可以。"孩子们觉得很不可思议，问道:"真的吗？"随后就呼朋唤友，有两个男生一直举棋不定，但最后还是在伙伴的招呼下坐好了。在这个过程中，我看到这些孩子之间的关系非常和谐，几乎没有人在寻找同伴的过程中遇到困难。虽然男生愿意和男生坐在一起，但是他们并不介意女生坐在边上，这是一个很和谐的团队，每个人都能找到自己的伙伴，这对学习共同体的课程来说真的是很重要的基础。

离正式上课还有15分钟的时间，我在伙伴们的帮助下，把《佐贺的超级阿嬷》的文本发给了学生，然后播放了轻松的音乐，我没有发出任何指令，只是倒了一杯茶，静静地观察眼前的这些孩子。他们虽然知道这是一节公开课，而且很多老师就坐在他们周围听课，但是很奇怪，他们还是很淡定，依然开心地聊天。"心理素质很好",我心里暗暗笑着。不久之后,我发现了第一个拿起文本来读的孩子,他叫"善强",他默默读书的样子仿佛感染了他周围的小伙伴,他边上的孩子们也开始读起来。这是一个神奇的过程,拿起文本的孩子越来越多,氛围越来越安静,聊天的学生不断减少,声音也越来越轻。我感受到一种神奇的力量——一个好文本的魅力,阅读的吸引力,慢慢显现出来。

2. 学生在确定标题的过程中发现了很多趣事

刚刚开始上课的时候,学生们几乎都在阅读文本,课堂非常安静,只有轻柔的音乐飘在耳畔。我都有点不想打破这样安静的氛围。作为开场白,我轻声说道:"各位同学,大家读得很认真,真不想打断大家。今天我们共度一段美好的下午茶时光,我最近读了一本小说,很喜欢,介绍给大家一起读。大家手上拿到的就是这本小说的一章,我给大家10分钟的时间,安安静静地阅读,然后给这篇文本确定一个标题,可以吗?"孩子们说:"好的。"然后又扭过头读文本,我端着一杯茶,拿起笔,从头到尾开始阅读,一边读一边圈画。孩子们把注意力集中在文本上,再次沉浸在阅读之中。我一边阅读,一边抬头观察,刚开始有两个孩子把文本举过头顶来读,但是,渐渐地,他们把手放下来,头也低下去。其实,好的文本就是这样有吸引力,无需太多言语,只需静静体会。时间一分一秒地过去,在这10分钟的阅读过程中,我一句话都没讲,10分钟之后,我轻轻地问了一句:"大家都读完了吗?"也许是怕打破这样安静的氛围,孩子们也是很轻声地回答:"读完了。"一个孩子的回答有所不同,我听出点火药味儿:"早就读完了,用得着这么长时间吗?"这个孩子就是刚刚把文本举过头顶的坤鹏同学。佐藤学说:"要充分倾听、不折不扣地接纳所有的孩子。"我看出坤鹏同学似乎有些不满情绪,所以要看看他怎么说,于是就对他说:"读得真快呀,既然读完了,你来说说吧。"我把头转向他,但他并不看我,也不打算回答我的问题。于是我找了其他同学来回答,同学们为文章取了很多名字,如

"外婆家的房子""我与外婆""那幢房子""我与外婆的生活"等,并各自从文章中找到了理由,因为学生刚刚开始接触文本,很容易对最开头的部分印象深刻。我请坤鹏同学边上的海燕同学来回答,她的回答是"乡下的生活",我询问理由时,她说:"因为这些描写和我以前乡下的生活很相近。"或许是被海燕的话语打动,坤鹏同学也不禁参与进来,说:"对的,就是'我的乡下生活'。"

我把头转向坤鹏,问道:"为什么你觉得是'我的乡下生活',你是从文章中的哪些地方看出来的?"让学生回到文本,这也是老师做串联经常采用的策略。这次坤鹏同学没有拒绝我,他站起来找到文本中外婆教"昭广"生火煮饭的那一段,他说:"还有'木棍儿',只是作用不一样,平时的木棍是用来生火的,但是这里的'木棍儿'是用来拦截河里漂下来的东西的。"看到坤鹏同学已经开始切入具体文本了,我就请他仔细找找原文,段落非常多的情况下,我会请他和同学们再次确认是"哪一页的哪一段",这样可以让所有的学生都能跟上节奏,当我听到他们来回翻看文本的声音,并一起说着:"在21页,85段……"听到他们轻声地与坤鹏同学一起跟读的时候,我知道孩子们逐渐进入文本了。

3. 从"木棍儿的妙用"到"节省、聪明又乐观的外婆"

坤鹏同学读了文中的外婆如何利用"木棍儿"来拦截各种生活用品的段落,我随后问了一句:"这说明了什么?"坤鹏同学说:"这说明外婆很节省,很早就懂得要回收利用。"我们以文章的题目为开端,逐渐开始进入"外婆"这个人物形象的分析。文中有多个段落描写外婆用"木棍儿"拦截东西,而且拦截的东西都不一样,所以外婆将这称为"门前的超级市场",这中间的描写非常生动、风趣,所以我请孩子们再回到文中找找"木棍儿"都拦截了哪些东西,这是让孩子们回到文本、反刍文本的过程。雨露同学、善强同学又找到了外婆还拦截了各种蔬菜、木屐、果箱等等,而且每次拦截的战利品都有一个有趣的故事。

孩子们从中总结出:外婆很节省、生活经验丰富、很聪明。于是我又带领孩子们对外婆的形象进行进一步的理解。我提出的问题是："'节省''生活经验丰富''聪明'哪个词更能概括外婆的特点？"很多孩子不假思索地回答，但是答案都不一样。他们的即时回答是依靠直觉的，但对文章的理解应该再回到文中，这是深入理解文章的好机会，我把这个问题踢给孩子们，让他们自己回到文本，找到依据，可以与伙伴讨论，但要尽可能找到自己的理由。

这时候，孩子们的反应是不一样的，有的孩子马上静下来到文章中去寻找依据，而有的同学已经开始讨论了。看他们讨论的过程还真挺有意思的。博海同学说："正是因为外婆聪明，她才知道还有一只木屐会漂下来。"而另一个女孩文娟同学说："那不正好说明外婆生活经验丰富嘛。"这样一说，博海同学也觉得有道理，笑着把头埋在臂弯里，他的潜台词是："也是哈。"因为讨论未果，自己掌握的证据还不足以服人，所以博海同学继续安静地看文本，接着小声交流的声音响起来，孩子们又回顾了一次文章，希望提出有利的证据来。我就这样在远处转悠着，希望不要打扰到他们的讨论。

随着学生们再一次回到文本，对文本的细节进行品读，学生们得出新的结论：外婆是"幽默"的。因为外婆说那条河是"超级市场"，还送货上门，不收运费。于是我又问："如果这件事情发生在你身上的话，你高兴吗？"孩子们说："不高兴。"我带着孩子们把这段又读了一遍，然后再次询问，学生们说："外婆很乐观。"

"除了这里能看到她的乐观，还有哪里能看到呢？"于是，我再次让学生们回到文本，看看哪里还写了外婆的"乐观"和"幽默"。大家从第一页开始对全文进行浏览，寻找证据。过了一会儿，我找到了丹丹同学，问道："丹丹你找到了吗？"她摇摇头，我说："没关系，找到什么就说什么。"她摆正了凳子，轻声说："22页98、99段说'真是无比开朗的外婆'。"丹丹同学声音非常小，看来平时不太回答问题，有点不自信，为了让大家都听到她的回答，我在文本中找到这一段给大家读了一遍，然后说："丹丹同学找到了这段，文中写的是'无比开朗的外婆'。"

一凡同学一直在举手，但我一直没有叫他，我能看出一凡同学是个思考很快的孩子，但是有点缺乏耐心，于是我想给他点时间，希望他能够充分倾听并深思熟虑，再进行回答。等我叫到他的时候，他找到了好几处，一边读，一边微笑着，好像在说："终于给我机会了。"

孩子们围绕着外婆这个人物形象展开了反复的阅读，对学生们来说，一次次回到文本，读细节，体会其中的深意，比不着边际的讨论更有价值，与文本的对话是语文学习极为重要的一种方法。

4. 是"狠心的外婆"还是"关心的外婆"？这确实是个问题

在大家已经对外婆的正面形象分析得非常彻底的时候，我抛出了一个问题："这个外婆，节俭、聪明、生活经验丰富、乐观、开朗，那么她与我们自己的外婆一样吗？"孩子们都回答"不一样"。接下来就开始讨论文中的这个"外婆"有什么不一样。向媛说："文中的第 21 段说外婆是皮肤白皙、气质高雅的老太太，但作者还有些扫兴。"学生们说："外婆长得太好看了。"一凡同学又说到第 30 页："第一次见面外婆就带'我'烧饭。说明外婆不宠'我'。"于是我又挑拨起来："8 岁的孩子第一次见到外婆，外婆就让他煮饭，真是'狠心的外婆'。那我就写'狠心的外婆'，行吗？"孩子们纷纷说："不行，是'关心'，可以让昭广学会生活本领。"我笑着回答："可我怎么觉得是'狠心'呢？"几位男生说："外婆是要告诉昭广要自己动手丰衣足食。"学生们口气倒是很一致。

于是我让大家从文中找外婆"关心昭广"的依据。龙笑同学很快举起了手："文中第 48 段，外婆凌晨 4 点就要出去工作，没人给昭广做饭，所以要教昭广做饭。"这时边上一个同学说："怎么能留一个 8 岁的孩子独自在家呢，万一被拐卖了怎么办？"于是我也帮腔说："看这外婆就是'狠心'。"边上的坤鹏同学不禁站起来说："如果外婆是'狠心'的，为什么要用幽默的话语呢？可以用严厉的话语呀。"其他同学说："那是因为外婆本身就是幽默的人。"我说："同学们到文中找答案。"

5. 是"快乐岁月的开始"还是"惶恐不安的记忆"

离我最近的文明同学说："是作者自己体会到了，全文最后一句话说，'不过这也是一般人体验不到的快乐岁月的开始'。"于是，我带着大家找到这一段，让所有的学生都读了一遍这句话。于是又把探讨的重点放在了作者身上。于是我问："那么，作者第一次见到外婆就感到快乐吗？"孩子们整齐地回答："不是。""那么第一天他是怎么想的呢？"

几个孩子开始找到文中的一个词语"山姥"，然后我给大家一点儿时间再读作者第一天刚刚见到外婆的样子，我找到的第一个同学是个非常害羞的孩子"小路"，他慢吞吞地站起来，我反复问"第几段"，他才从喉咙里挤出"第19段"，当我让他读一遍第19段的时候，他只读了一句："我的头脑一片空白……"就再也读不下去了，然后尴尬地笑着，我一直在等待着，其他孩子都将视线投到小路同学身上，观察员老师也在窃窃私语。边上的海燕同学一直小声指导他，但是小路同学就是说不下去，最后梦婷同学拽拽我的衣角说："老师，我能帮他读吗？"我说："可以的。"于是梦婷同学帮小路读完了第19段。看得出所有的孩子都松了一口气。

这段插曲过去以后，孩子们还是集中精力，开始分析作者刚刚来到外婆家第一天的一段文字。特别是一段景物描写，学生的发言不断将大家拉回文本，他们找出描写作者第一天的感受的词："寂寥""落寞""忐忑不安""伶仃""恐慌""孤绝寂寥至极""无法镇静""惶恐"。我又开始就文章的矛盾之处提出了问题："第一天感受如此孤独、恐慌，但文章最后一句怎么说的？"大家一起回答说："是一般人体验不到的快乐岁月的开始。"我的问题是："从恐慌到快乐，发生这种变化的原因是什么？"经过反复的讨论，最后善强同学说："这里的生活虽然贫穷，但是外婆的乐观开朗让他感受到了生活的快乐。"小伙伴文娟同学再次补充道："和外婆生活的那段时间，'我'学了很多能够丰富生活的本领。"我又提示道："那么这位作者本身有什么特点呢？"学生们被问住了。于是我说："本文虽然语言很简单，但是线索非常多，故事内容很丰富，大家回去可以找找这个8岁的孩子是如何一点一点转变的。可是我们现在还有一个问题没有回答，是什么？"马上有孩子回答："题目。"我说："我们的题目还没确定下来呢。"学生说："啊呀，对呀。"

6. 兜兜转转之后，新的文章标题才真正出炉

然后我们回顾了最开始大家给出的四个标题，孩子们记得这些题目是哪位伙伴提出的，而且还用了昵称（向媛儿、一凡）来称呼自己的小伙伴，那些提出题目的学生暗自开心地笑了。我又问孩子们："现在有新的想法吗？再为文章取一个新的名字吧。"孩子们又一次被调动起来了，艳艳同学说叫"独一无二的外婆"，雨露同学说叫"一段快乐岁月的开始"，国超同学说叫"那段时光"，博海同学说叫"外婆家的生活经历"，善强同学说叫"那段难忘的岁月"……

7. 这篇文章到底叫什么名字呢？就不告诉你

最后，我问道："大家想不想知道这篇文章到底叫什么名字呀？"孩子们迫不及待地说："想！想！"我说："不告诉你们。"学生马上说："咦，吊胃口呢。"我拿出那本书，说："本篇文章出自这本书，这里有好多好多的故事呢，我把它作为礼物留给七（2）班，好吗？"学生们拍着手说："好好！"于是这节80分钟的课结束了，几位男生终于有时间把那杯茶一股脑地喝下去，他们一口气吞下去的时候才想起，茶叶已经泡了一个多小时，太苦了。不过还是第一次在课堂上边喝茶边读书，滋味还不错。

六、课后研讨与反思

这次课对我来说是一种全新的体验，说来也是很神奇，与这群孩子素未谋面，一个非专业语文老师，第一次就上了 80 分钟的课，布置了一个全新的学习环境，和学生一起学习了一篇有 115 段的长文，又有那么多的老师坐在学生边上观察。这一切颠覆性的尝试，各种反常的要素放在一起，竟然发生了很强烈的化学反应，这群孩子竟然兴致勃勃地把这篇文章"吃"进去了。后来学校的老师们特意做了一个调查，我留在七（2）班的那本书很多同学都读了，而且有的同学还读了好几遍。课后研讨在 W 中"教工之家"举行，通过观察员老师特别是 W 中老师的介绍，我发现了一些新的情况。

1. 每个孩子背后都有一个长长的故事

在课后研讨的过程中，W 中的老师讲到他们看到几位学生的表现出乎意料：一位是"坤鹏"，一位是"小路"，一位是"丹丹"，还有一位是"梦婷"。

老师们说："坤鹏同学平时比较急躁，老师跟他打招呼，或者善意地拍他一下，他都要马上抗议，在课上也常常表现得相当急躁，不愿意好好听讲。今天虽然最开始也表现出一些情绪，但是好像很快就平静下来了，不但全程都在认真听、认真读课文，而且几次主动回答老师的提问，变化真的很大。"

小路同学刚好坐在坤鹏同学的对面，老师们说："这个孩子曾经长期遭受家庭暴力，他的两个身强力壮的哥哥动不动就对他拳打脚踢，所以他性格很自卑、很懦弱。在学习上也没有什么劲头，虽然是初中生了，可是基础知识非常有限，也从没见他在课堂上回答过问题，这次竟然站起来回答问题了，虽然没有回答完整，但也是迈出了一大步。很为小路感到高兴。"

梦婷同学就是帮助小路把第 19 段读完的那位女同学。老师说："小路平时比较胆小，同学们也有点儿看不起他。今天上午梦婷同学还与小路同学吵了一架，没想到今天下午竟然主动帮助他读课文，觉得有点不可思议。"

"还有丹丹同学，她一直不太适应学校生活，为了逃避上学，曾经离家出走，上次出走还是警察给送回来的。今天在课堂上也回答了问题，而且回答了两次都是正确的。这对丹丹来说真的太不容易了。"

老师们讲述着课堂中发生的事情，并且将课堂上的孩子们的表现与日常生活以及家庭场景都串联起来，我感到震撼，虽然我在课堂上能够隐隐约约地感受到孩子们不同的特质，但是听了老师们的介绍才逐渐清晰起来。

2. 接纳和倾听每一个孩子，心理安全是学习的前提

说到坤鹏，我印象非常深刻，刚刚开始上课的时候，我给大家10分钟的时间阅读文本，10分钟过后，我问大家是否读完的时候，坤鹏同学就一脸不屑地说："早读完了，用得着这么长时间吗？"我让他回答问题，他又根本不理会我，还真是给我来了一个下马威呢。不过说实话，我还是做好了充分的思想准备的，准备好不折不扣地接纳任何一个孩子。我后来又重新观看了课例录像。坤鹏同学因为平时表现得很不寻常，所以很多老师都坐在他身边，想看他的表现，我数了一下坤鹏同学边上坐了四位老师，这给他带来了很强烈的不安感，所以他在刚开始就将这种"不安"以"不耐烦"的方式表现出来。但是我看到了这个孩子"聪明、不安、急于获得老师认可"的内心世界，所以，对坤鹏同学我几乎没有任何困难就接纳了。他不愿意回答我就避开，直到他被同伴的观点打动，愿意阐述自己的观点。坤鹏同学还贡献了"木棍儿的妙用"这样一个好的发现，成为打开全文的重要出口，确实是功不可没呢。

小路这个孩子我之前一直没有关注到，他在这节课上表现得比较自然，一直有笑容，而且课前一直和对面的坤鹏有说有笑的。直到让他读出第19段，他只读了一句"我的头脑一片空白……"无论如何也读不下去了。我一直在等他，没有着急，也没打算让他坐下，我想的是这是一个让他战胜自己的机会，我希

望他能够自我超越。后来回看教学录像，我看到当我叫他回答问题的时候，其他孩子都很紧张，有的在窃窃私语，边上的同学都很想替他回答。这些孩子看不得自己的伙伴尴尬，所以最后还是梦婷出手相助了。在这里我想的是：如果小路自己回答出来说明他战胜了自己，如果其他同学替他回答说明他们同学情深，都是好事情。没想到无意间还化解了小路和梦婷之间的矛盾。

丹丹在回答问题的时候声音非常小，小到必须靠近她身边才能听得见，我俯身在她边上，听到了她的回答，并且通过回到文本，我又把丹丹同学说的话重复了一遍。丹丹同学可能在这样的重复中找到了一种自信，所以有勇气再次回答问题，我观察到她一直和同桌保持着很好的互动，阅读也非常认真。总之，丹丹是一个说话声音比较小，比较内向的女孩子，但是不存在学习困难。

在我看来，坤鹏、小路和丹丹都是极为缺少心理安全感的孩子，他们的表现方式有所不同，坤鹏是用躁动狂妄的方式来表现，小路和丹丹则表现出自卑和胆怯，他们往往从家庭的不接纳开始感受到他人的敌意，而后对自己产生不接纳、不信任，同时也不信任他人。而要让这些孩子主动学习，首先要给他们以包容和接纳，让他们知道自己是安全的，自己是受欢迎的，自己是受到重视的，只有这样他们才能真正投入学习，才能把焦点从保护自身安全转移到学习和思考中来。如果说学习共同体有什么特别之处的话，首先就是给予所有孩子平等和安全感，这样学习才能真正发生。

3. 具有认知冲突的问题链，引领学生不断向未知发起挑战

上课伊始，我所提出的问题"给这一章起一个标题"，既可以作为基础性问题，也可以作为冲刺挑战性问题。作为基础性问题，是因为这个问题几乎没有什么门槛，无论从文章哪个部分进行理解都可以给出一个标题，所有的孩子都可以参与进来。而标题是一个没有标准答案的问题，任何一个标题都不是无可挑剔的，都有上升的空间，从这个意义上讲，标题又是一个冲刺挑战性的课题。

从课堂的实际进展中也确实看到了这一点，孩子们基本上都毫无悬念地给出了自己的标题，几乎每个孩子都没有遇到很大的问题。但是到了最后，当标题的问题再次被提及的时候，学生们给出的标题层次明显有了一定的提升，这是对小说中的人物形象有了更深刻的把握之后得出的。如果再一轮分析下来，孩子们可能会想出更好的标题。

这个标题的问题其实只是一个切入口和一个线索而已，真正引领学生走向探究的是文章本身的波折和起伏，在课堂上我运用了这一点，设计了一个具有认知冲突的问题链。如有人说外婆是节俭的，有人说外婆是聪明的，有人说外婆是经验丰富的，到底哪个词更能代表外婆的形象？让孩子们继续到文中仔细阅读关于外婆的段落，孩子们又发现了外婆的"幽默、乐观"。当大家看到外婆都是正面形象的时候，我让大家看看这个外婆到底有什么不一样，从而有了"狠心的外婆"和"关心的外婆"的问题，为了解答这个问题，孩子们在文中又发现了作者自身的矛盾——从开头的"寂寥恐慌"到文后的"快乐岁月"，孩子们不断地在寻找外婆的身影，在寻觅层层叠叠的问题后面外婆与外孙的复杂情感和故事，没有华丽辞藻和故弄玄虚，却也需要好好思索，细心品味。直到最后，孩子们还留着一个疑问，就是故事的题目是什么。我之所以没有告诉他们，而是把书留给他们，想说的是，答案并不重要，我们一起走过的探索之路才是最精彩的。孩子们忘记喝水，认真阅读，认真思考，最后争相来读这本书的场景，让我深深感动。

4. 慢与快的辩证法的核心是培育所有学生的自主学习能力与倾听能力

这两节课给学生充分的自读时间，每个问题抛下去都有比较长的时间思考，还可以与伙伴商量，学生在站起来回答问题的时候，都不紧不慢，即便一时回答不出来，也不着急，大家都静静地等着；在有的孩子回答声音比较小的情况下，老师还会重复一遍。与平时的课堂节奏比起来，这两节课好像特别慢，老师慢，老师也不允许孩子不假思索地回答问题，总是告诉他们："回到文本中找答案，不着急。"但是两节课80分钟解决一篇115段的小说主要人物的形象分析，算下来却一点都不慢。因为这样一篇长文，按照常规的讲法，没有三节课肯定是讲不完的。这种看似慢而实际快的方法值得我们思考。

与一般直接把现成的知识告诉孩子的课堂相比，这样的课堂貌似速度比较慢。明明可以直接告诉学生，让他们掌握就好了，为什么不直接讲清楚，而是一定要让学生再回到文本、再思考呢？诚然，知识的传递是重要的，但是获得知识的过程更为重要，因为在获取知识的过程中，孩子可以习得学习知识的方法，学会学习。在这个过程中，他们知道如何与文本对话，如何去思考和解决问题，如何表达自己的观点，如何倾听别人，再深化自己的观点，如何去倾听、关照他人，这正是语文学习的过程中需要不断去培育的核心素养。一味注重教师的讲解而减少或抹杀了学生自身真实的学习历程，他们的学习能力就很难获得长足的进步。

"授之以鱼，不如授之以渔"，学生在自主学习的过程中获得的学习方法可以进行迁移。另外，学生在自主探究的过程中，会产生力量感，他们开始相信自己的探索和判断，建立起对学习的自信和兴趣，这样获得的学习能力将更为持久，甚至可以持续终生。对于我课堂上的这些孩子来说，他们更需要的是对学习的兴趣，感受到阅读的乐趣，他们需要通过自己的力量获得这种乐趣，而我必须给他们每个人都创造挑战的机会，在这个过程中，每个人的潜能都得到了发挥。正如我在课上所说的那样："即便是不举手的同学，也有自己的看法，大胆说出来。"事实证明确实如此，给每个孩子机会，他们都会还你惊喜。

这节课上，学生的自主学习习惯还没有养成，学生之间互助、互学的关系还需要进一步培养，所以每一个步骤都做得特别扎实，不让任何一个孩子掉队，这节课中老师的牵引作用还是非常明显的。但如果一直按照这样的方法培养学生，他们逐渐能够通过同伴的互助解决冲刺挑战性问题的话，学生们的学习进程会非常快，对文本或者问题的理解也会非常深入，老师可以逐渐"隐退"，我看到倾听关系非常好的班级，往往并不需要老师的串联，学生之间会相互串联、相互补充、相互质疑。如果再进一步，学生已经形成了非常好的学习习惯，特别是课前预习和课后作业的习惯，那些基础性的课题往往在课前就解决了，课上直接讨论冲刺挑战性课题，那么课上会更快地深入。总之，学习共同体的方法不是慢，而是"慢慢地变快"，随着学生自主学习能力的提升，以及学生倾听能力和合作能力的不断增强，学习共同体的课堂效果会不断凸显，这已经得到了实践的证明。

学习共同体与"小组合作学习"的本质区别

当前复杂的课堂生态中，什么样的课堂能够保障每一位学生的高品质学习？中国本土化的"兵教兵"，还是美式的"合作学习"？这些方法都是基于人们对传统"讲授法"一统天下的反思。如何能够调动学生的学习积极性，让学生成为主动的学习者？可能多数人都会将这些方法归为一类，即"小组合作学习"，但是如果仔细分析，这些课堂类型还存在多方面的差异，我们对这些课堂进行分析，就会触及课堂变革的本质问题，并探寻到学习共同体课堂的真谛。

一、对"兵教兵"课堂的反思

我曾经研究了本土化"兵教兵"的课堂，发现了很多有趣的现象。最先引起我注意的是，每一节课都特别吵，六名学生为一组，为了能够让同伴听到自己讲话，学生每一节课几乎都是声嘶力竭，我站在学生身边几乎都听不清他们在讲什么；课堂上老师起到主持人的作用，几分钟的导入以后，学生就开始，互教、发表、展示、质疑，每一个步骤都是学生自动完成的。学生学习所有的学科都采用同样的方式：读教材、划重点、互教或者做试卷、对答案、互教，周而复始……学生成为完全自动化的流水作业，让人叹为观止。惊叹之外，这样的课堂也引发了我的思考。

1. 组内：分层、互教、滚动的复杂关系

通过进一步的确认，我们了解到一组中的六名学生被根据学习能力进行了分层，分成 A、B、C 三个层次，每个层次两个人，并形成 A 教 B、B 教 C 的互教关系。"A1、A2 教 B1、B2"，"B1、B2 教 C1、C2"。"优秀生教中等生""中等生教学困生"的模式已经固定，每个学生都知道自己属于哪个层次，学生层次会根据考试成绩轮换。这样说来，组内的六人关系很微妙，不仅仅是互教的关系，而且还有竞争关系，作为"教"的一方还要把握好分寸，因为可能"教会了徒弟饿死了师父"。

还有一个至关重要的问题——互教的关系到底意味着什么？从课堂权力的角度上讲，互教代表了人与人之间权力的不对等，意味着尊卑关系，这样的关系下很难产生真正的尊重和关心。从内容的角度上看，"教给"他人的东西都是自己已知的东西，是现成的结论，所以对于"教"的人是对已知结论的重复，而对"被教"的人则是"被动接受"，只不过"教"的人不是老师，而是"小先生"。"教"的过程是相互成全、成长的过程，但是这种成长是有限的，往往止步于学优生的"认知天花板"，因为话语权掌握在学优生手中。

因为是对已知内容的展示和传递，自然可以高谈阔论。但很多问题值得我们再思考，例如，学优生这些结论的质量如何？学优生就代表所有的方面都优秀，所有的结论和方法都正确吗？如果在某些问题上中等生或者学困生的认识是正确的或者是独特的，那么这些重要的观点会得到尊重和倾听吗？学优生的生长点在哪里？怎样将孩子们现有的学习引向深入？学困生除了从他人那里获得帮助之外，是否可以有自己的思考和想法，完全靠接受帮助而存在的学困生，其学习的

价值体现在哪里？学困生的"帽子"不摘掉，学生自立、自强的出路在哪里？

2. 组间：竞争激烈，积分排序

组内的关系比较复杂，组间的关系相对简化——竞争关系。这也是为什么在质疑阶段学生们会唇枪舌剑、火药味极浓，大家都在为自己的组争取更高的积分，而这些积分在未来的某一个时刻会换成各种现实的奖励。正是因为这样的课堂上学生是分层的，学生之间是"分层互教"的关系，优等生充当了"小老师"的角色，他们将自己已经学会的知识传递给学困生，从而使本组有能力与其他组竞争。每个组不同学习层次的人来发表和展示，所得到的分数奖励是不一样的，也就是说，学习困难的学生发表和展示的话，这个组的总体成绩会更高，以此来刺激组内学困生的学习。并通过学生分数的变化以及每个组积分的变化来刺激学生之间的竞争。为了让课堂看起来更有活力，更加具有积极性，我们最终还是选择了将竞争进行到底。通过课堂观察，我们会发现两个有趣的现象：一是虽然强调合作，但是学生之间，无论是组内还是组间的关系都不太融洽；二是很多学生很看重积分的变化，对积分的热情甚至超过了对学习内容的热情。甚至有些时候，课堂上的时间被用以讨论到底应该怎样分配积分，这严重偏离了学习的真正轨道。

3. 教师：不参与内容讨论，负责积分统计汇总

我在课堂上看到，教师往往会在开始的几分钟之内，对本节课的课题和要求进行简短的陈述，发挥的是主持人的作用，而在课堂的多数时间里，教师们并不参与，只是记录、统计积分。在与教师的交谈中得知，因为这样的课堂上教师几乎是不起作用的，所以教师的专业发展遇到较大的困境，教师提到如果在这所学校工作超过五年，没有办法再适应其他学校的工作。因为教师是缺乏研究的，专业水平比较有限，因此只能靠学生自己去探索，看似调动了学生学

习的积极性，但是由于学生们学习的内容和方法基本上是重复性的、低质量的，根本没有办法让自己进行冲刺挑战性的学习活动，学生的学习一直处于低水平的循环，难以实现质的突破。这种方法束缚了教师的创造力和专业发展，对学生的学习和成长是极为不利的。

总之，"兵教兵"的方式是在教育比较落后、师资匮乏的情况下的一种特殊的教育形式，这种方式一定程度上调动了学生学习的积极性和主动性，但是因为缺乏对学生学习的专业性的引导，多数学生都是重复性的操练，学习的品质并不高。班级学生本质上是不平等的，学生之间相互竞争的本质没有发生根本性的变化，平等对话也就无从谈起，学生的发展存在透明天花板，绝大多数学生是无法逾越的。这样的方法在特殊的历史时期有着重要的意义，但是走到一定的阶段必然遇到瓶颈，没有教师的专业发展，没有相互倾听的关系，没有高品质挑战性的学习内容，学生的学力是很难有大幅度提升的。

二、对美式合作学习——"拼图法"（jigsaw）的探讨

另外一种常见的合作学习的方式也是五六人一组，组内的每一个人都有角色分工，有组长、记录员、报告员、计时员、观察员等等，或者在一个比较大型的项目学习中，每个学生选择或者分配一种活动，每个人分头完成，最后组合在一起，完成一个完整的项目。这种合作学习的方式也叫"拼图法"，是由美国的约翰逊兄弟最早提出来的。20世纪90年代由学者王坦介绍进入我国，并在教育界产生了深刻的影响。很多地区将美式合作学习作为发达国家的一种先进的教学方式加以引进，并根据自己的理解和学校的实际情况进行了种种改良。

1. 组长统筹安排，组内角色分工

我们也曾经进行过长期的课堂试验，主要遇到以下困境：首先，我们多数

情况下会将优势学生设置为组长，他们的学习基础和学习习惯相对较好，当面对老师布置的学习任务时，这些优势学生往往会占据话语权或者包揽大部分的工作，其他学生得不到好的学习机会，被动"搭便车"的情况比较普遍。老师在进行角色分工时，往往根据学生的学习基础或者性格特点来分，这在很大程度上固化了学生，他们很难得到自我突破的机会，多数弱势学生会被分配做计时员或者观察员，他们没有机会进入真正的学习状态。

2. 每人完成不同的任务，相互"拼接"形成完整成果

美式合作学习最佳的学习任务是综合性的项目，因为项目比较复杂，需要每个人分工合作来完成。虽然每个学生都参与这个项目，但是分工却是不一样的，并且有些学生被安排的任务并不指向学习任务本身，所以学到的内容大相径庭。

因为工作任务是异质的，从本质上来说，他们是没有办法互相协同的，因为他们要完成不同的任务，最后每个人完成的部分"拼接"起来，完成同一个复杂的项目，这也是美式合作学习名称"拼图法"的由来。每个人独立完成自己的任务，然后拼合起来成为更大的任务复合体。因为美国的课堂存在较多的项目化的学习任务，这种"拼图式"的合作学习方式也表现出了一定的适切性。

3. 所有学生都有事可做，但学生之间的落差逐渐增大

美式合作学习让每个学生在课堂中都有一定的存在感，能够把学生稳定在课堂之中。但是在基础学科中的知识需要每一个学生都必须掌握、习得的情况下，这种学习方式的弊端就会显现出来。越是被赋予高挑战、高质量学习任务的学生，学习能力就越强；相反，被赋予简单的、操作性任务的学生则会被拉开差距，这些学生在课堂中学到的东西非常少，虽然表面是快乐的，但实际上他们面临着被边缘化的窘境。这些学生与优势学生之间的差距会越来越大，造

成学生之间越来越严重的两极分化，美国目前公立教育的低迷状态，与这样的合作方式不无关系。

美式合作学习的产生也具有一定的社会背景。美国是一个移民国家，学生的基础差距非常大，很多学生刚刚开始进入美国学校的时候不懂英语，无法进行正常的学习，为了能够让那些学力水平非常低的孩子也能够参与到学习中，老师特意设置了一些比较容易的任务给这些弱势的学生，从而让他们能够参与和体验。因为老师最初对学生就抱有不同的学习期待，所以他们用这样的方法实现了孩子全员参与和"技术性分层"，每一节课，这样的分层学习都在强化学生之间的差距，长此以往，学生之间的学力落差不断扩大，很大一部分学生被甩在了后面，沦为学困生，同时也成为这个社会中最底层的成员。美国的这种教育方式保证了少数精英分子的卓越，但多数普通学生的学习效果并不太好。

三、学习共同体到底有何不同

佐藤学提出：21世纪的教育的关键不是"量"而是"质"，真正好的教育是"公平"与"质量"的兼顾，教师的责任"不是教一节好课而是保障所有学生的学习权"。这些字句振聋发聩，但是并不是每一个人都能够理解其中深刻的内涵。佐藤学将"民主性""公共性"和"卓越性"作为学习共同体的三大教育哲学，而他所设计的学习系统也是与这一哲学密切联系在一起的。

1. 心理状态：宁静安心，建立师生之间、生生之间心灵的深度联结

在多数课堂上，老师是处于绝对优势的，具有天然的话语权，学生们只有"静听"的权利，老师多数时间是与优势学生进行对话，优势学生获得了更多的学习权。在高度竞争的课堂上，优势学生是少数的，学生之间是一种层级关系，我们通过各种考试、排名等评价方式强化这种关系，从而逐渐使学生进入分裂

和分化的状态。学习困难的学生越来越多，他们内心非常不安、焦虑和自卑，他们在课堂上不敢说出自己的"不懂"，自己的想法和观点，而优势学生也不会去倾听弱势学生，这样弱势学生逐渐转化为"弱势人格"，于是自我否定、自暴自弃的失败者和学校不适应者沉积下来，在这个系统中不断有人退出竞争，也可以说被淘汰，他们从失去学习的机会，转变成失去立足社会的机会。在长期的课堂观察中，我们也可以看到不同的学段、不同的学校中那些弱势的学生不断地沉沦下去，直到被淘汰出局。

　　学习共同体的课堂会让每个孩子都能安心学习，首先，因为老师会倾听学生，会柔软地对待每一个学生，老师并不急于把自己会的知识传授给学生，也不会为了赶进度而放弃比较慢的学生，而是给学生一个温暖的怀抱，让每一个学生都能放弃自负或者自卑，以一种自然而平和的心态，以平视的姿态看待世界、看待他人，因为他们被平等看待，他们也会去平等地看待对方。教师的安静沉稳的倾听会让学生们不再躁动，"静能生慧"，没有什么比教师的倾听姿态更美。让每个学生都能安心、安静，他们才能进入学习状态，这是一种重要的心理准备状态，这让所有学生的学习成为可能。另外，学生之间形成平等互助的伙伴关系，每个人都有至少一个可以深度信赖和交流的伙伴，无论是两个人的互学，"四人"研讨，还是公共发表，都本着"互相尊重、互相倾听"的原则，这种心理准备状态会带给学生们安全、安定与安心，让他们心无旁骛地去面对学习任务。

2. 学习任务："冲刺与挑战的课题"让学习真正发生

　　"真正学习的声音是宁静的"，因为真正的学习是从未知走向已知的过程，这个过程非常艰难，要进行大量的思考，而思考的声音是安静的。另外，安静还表现为人与人的平等和相互尊重，平等的、心理安全状态下的声音是安静的。而形成"风风火火"的喧闹课堂最直接的原因有两个：一是学生之间不平等、不安全的关系；二是学生的学习内容和相互交流的内容是简单的、已知的，是对已知结论的互相传递，学生对于已知的东西往往信心满满，所以声调会自然提高，但是学习并没有真正发生。

3. 学习方法：倾听、互学，协同探究、不断深入

"兵教兵"的合作学习方式倾向于让优等生教学困生，教师经常把"做好的同学教不会的同学"作为指导语，学生之间实际上存在着不平等的关系。而真正的学习是"从未知走向已知"的过程，是学生通过自主的思考及同伴的平等对话达成的，只有用心去倾听他人，才能实现真正的学习。所以教师的指导语一般是"遇到困难随时可以求助同伴，会求助的学生最会学习"，"要认真倾听同伴的话语，倾听就是学习"。因为"教"或者"表达"都是对自己已有知识的重复展示，而只有倾听才是通向未知的，才能听到自己原本不会、不懂的东西。倾听的意义非常深远，从认知的角度来看，倾听是一种重要的学习方式，是与自身的独立思考同等重要的一种学习方式，是通过与他人对话，来打破自身的"思维天花板"，完善和修订自身观点与思考的重要方法。同时，倾听具有很强的伦理学功能，以"互相教"为主的课堂代表了一种比较僵化的权力关系，而"相互听""相互学"则代表了人与人之间相互包容、彼此欣赏、乐于分享、共同探讨的精神状态和课堂风貌，这让身处课堂中的每一个人都能够最大限度地发挥自己的聪明才智，尽自己最大的可能去探索，而其他人都成为探索过程中的伙伴，这种协同学习的关系一旦形成，将成为巨大的"学习场"，这种平等协作的方法很大程度上解放了学生的学习力，促进学生进行高品质的思维和学习。

4. 教师作用：倾听为主，成为"学"的专家

在学习共同体的课堂上，教师的作用也发生了重大的变化。在传统课堂上，教师是知识的传授者，几乎是知识的唯一来源，也是课堂的绝对掌控者。在"兵教兵"的课堂中，教师几乎是不发挥作用的。而在学习共同体的课堂上，教

师同样成为"倾听者"和"学习者"。首先，教师要通过倾听充分了解学生的真实学习状态，对每个学生的学习都要有充分的心理预期，只有这样才能真正做到有的放矢；其次，教师在课堂中要"清空"自己，带着学习的心态深刻理解学生的学习历程、接受学生不同的观点和见解，欣赏学生独特的思维和方法，理解学生的困境和难点，与直接讲授自己准备好的教案相比，"认真倾听学生"对教师的专业性提出了更高的要求。深刻理解每位学生学习的真正状态，并将学生的观点串联起来，在学生遇到困难、停滞不前或者出现错误的时候，教师能够通过串联和反刍，让学生的思考更加深入，这样的课堂无疑是非常高效的。但是，要成为真正的课堂倾听者是一件极为困难的事情。这需要教师首先要有丰厚的学科知识基础，同时要有向学生学习、向同伴学习的心态，并不断在教学实践中进行自我反思与改进。从这个意义上说，教师已经从"教的专家"转向"学的专家"，这对教师提出了更大的挑战。

5. 教育生态：互相学习，改变教育和社会生态

从总体上看，学习共同体不仅仅是一种课堂教学方法的变革，还通过改变课堂，改变学生的学习方式，来改变教师的专业成长方式和学校内涵发展方式，教育系统内外的每一个人都是学习共同体的成员之一。对儿童成长的共同关心让社会中的每一个人都成为学习者，都成为倾听者，从而使整个教育生态和社会环境发生根本性的变化。

学习共同体的课堂让每一位儿童都得到尊重，都获得高品质的学习权；不放弃任何学生，让他们在平等的、共生的、关爱的环境中成长，这样，学生就会学会尊重他人、温暖他人、倾听他人、回应他人，才会真正学会学习，在未来的公共生活中将会组成一个充满温暖和关爱的世界。所以学习共同体实际上是在改变整体的教育生态，学生们每天都在与自己对话、与他人对话、与世界对话，只有这样的教育生态培养出来的学生才能真正成为优秀的学习者。

深度学习培养创新素养

第三章

创新素养的认识误区与实践困惑

学生创新素养的培育是当前教育面临的重大课题,钱学森曾说:"中国至今还没完全发展起来,其中一个很重要的原因就是我国还没有真正地按照创新教学的理念去办学,导致目前缺少创新型人才,在国际地位上缺乏竞争力,这是个很大的问题。"钱老认为目前高等教育在创新人才的培养方面存在欠缺,那么基础教育到底是否应该承担责任,应该承担怎样的责任?对此,基础教育必须做出回应。

基础教育阶段如何培育学生的创新素养?这样的追问和探索一直在持续,并取得了初步进展。但也存在一定的困惑和误区,这些实践操作层面的困难往往由人们对创新素养的认识有误所导致。

一、创新素养的培育只面向部分资优学生

创新素养到底是什么?哪些学生具备创新素养的可能?这是教育工作者要面临的首要问题。由于人们对创新素养的研究还不甚清晰,所以常常以学习成绩作为主要的衡量标准,认为创新素养只存在于少数人群中,是一种高智商的人所独有的,而智商高的重要表现就是学习成绩好,当教师们缺乏科学的衡量标准和工具的时候,学习成绩无疑成为衡量学生创新素养高低的主要指标。因此,学校会

倾向于将学习成绩比较好的少数学生选拔出来，对这些学生进行专门的训练，并期望将这些学生培养成未来的创新人才，而且多数学校期望将学生培养成为科技或金融方面的人才，其他方面有天分的学生往往不在考虑之列。

二、要尽早、高效地向学生灌输文化知识

创新人才培育的起点是什么？很多人认为要进行创新，首先要具备完备的文化知识，所以要尽早、尽快让儿童进行文化知识的学习，这样"孩子才不会输在起跑线上"。在学校教育中集中表现在课程设置和教学方式上比较强调知识的传授与灌输，为了提高效率，教师的讲授占据主导地位，很少让学生自主思考探究、自己动手操作或者自发地组织学习活动。我国中小学生的知识系统是较为完整的，在国际的学力测试中也表现出优势，但是在创新方面的优势却不明显，这说明系统性的知识掌握并不会直接转化为创新能力，我们必须思考在哪个环节出现了问题。

三、要建立高度竞争的创新人才选拔和培养机制

为了能够对学生进行区分和选拔，很多学校都建立了非常复杂的竞争机制，学校认为只有在高度竞争的环境下，学生才会发挥自己的潜能，获得优异的成绩，从而进一步成为创新人才。这样竞争的结果导致学校中两极分化的情况越来越严重：少数学生在竞争中取得优势，多数学生在竞争中相对失败或者完全败下阵来。然后竞争中取胜的少数再参与下一轮更加激烈的竞争。按理说，通过层层竞争所选拔出来的人才应该具备引领社会发展的创新能力，但是很遗憾，很多学生取得了大学的录取资格或者相应的通行证以后却没有表现出较强的、持续的创新能力，这让我们不得不对高度依赖竞争的创新人才选拔和培养机制进行反思。

四、只能依靠拓展课程才能开展

在考察了大量的中小学创新素养培育方案以后，我发现这样一个问题：很多学校将创新素养的培育课程与基础课程进行了切割，单独设立创新素养课程、工坊、社团等等，通过一套特殊的课程、教材、方法等来对某一个特殊的学生群体进行培养，而对基础课程和主干学科几乎没有涉及，从而导致了创新素养培育的"两张皮"现象。一方面，创新素养课程只能惠及少数孩子，多数孩子没有机会接触；另一方面，主要的课程和教学并没有发生变化，而只是进行细枝末节的调整，对学生的影响是极为有限的。

创新概念的拓展与深化：创新无处不在

要培育创新素养，我们首先要回答什么是创新素养、什么人具备创新素养的问题。"创新"的研究首先在经济学领域：1912年约瑟夫·熊彼特（Joseph. A. Schumpeter）首次提出：创新是建立一种新的生产要素或供应函数，是在生产体系中引进一种生产要素或生产条件的"新组合"，以获得"企业家利润"或"潜在的超额利润"。①

这里的创新主要指的是技术的创新，产生新的技术要素，或者技术要素之间重新组合，都会促进生产力的提升，从而提升经济效益，并推动社会进步。

1985年，管理学领域的学者美国的彼得·德鲁克（Peter F. Drucker）提出，"创新"是有系统且富有理性的工作，是企业家展现其创业精神的特定工具，是赋予资源一种新的能力使之成为创造财富的活动，创新本身就创造了资

---

① ［美］熊彼特.经济发展理论［M］.孔伟艳等，编译.北京：北京出版社，2008：9-12.

源。① "创新"的内涵进一步扩展，技术要素的重组被认为是创新，而人的进取精神、管理方式也成为资源，也创造财富，也可以纳入创新的范畴。

2004年，美国国家竞争力委员会向政府提交的《创新美国：在竞争与变化的世界中繁荣》(Innovate America: Thriving in a World of Challenge and Change)的报告中提出："创新"是把感悟和技术转化为能够创造新的市值、驱动经济增长和提高生活标准的新的产品、新的过程与方法、新的服务。可见，进入21世纪以来，"创新"的内涵进一步扩展，可以说一切推动社会进步的力量，无论是新产品、新方法、新过程、新服务都被认为是创新，从这个意义上说，创新不仅仅是某个领域的特殊事件，而是无处不在的，与日常经济和社会生活相伴随，与人的发展和需要相伴随。

因此，我认为凡是能够在一定程度上打破常规，通过改进或颠覆事物原有的方法、元素、路径或环境等来实现理想目标的思想或行动都可以称为"创新"。"创新"概念的不断拓展与深化让我们认识到，创新不是高不可攀、深不可测的概念，而是无处不在的，每一个行业和领域都可能进行创新，与每个人的日常生产和生活密切相关，每一个人都可能有意无意地参与创新活动，这使得"人人成为创新之人"成为可能。

儿童创新素养的模型建构、阶段特征与发展类型

"创新"可以理解为一个过程，也可以理解为一种成果的体现。而要实现创新，必然要求社会中的人具有创新素养，这是创新的DNA和基础。那么，创新素养到底是由哪些要素构成的？这些要素之间的相互关系如何？

---

① [美]彼得·德鲁克. 创新与企业家精神[M]. 蔡文燕，译. 北京：机械工业出版社，2009：27-33.

一、创新素养模型建构：脑、手、心协同

创新素养由哪些要素构成？不同要素之间的关系是什么？我从"思维学养""实践操作"和"人格心理"三个维度构建了"创新素养模型"，这三个维度分别对应"创新思维"（脑）、"创新实践"（手）与"创新人格与心理"（心）。

创新素养的形成与发展也经历了至少三个阶段，即初级阶段（萌芽期）、中级阶段（发展期）和高级阶段（成熟期），并表现出不同的阶段特征。具体见图1、表1：

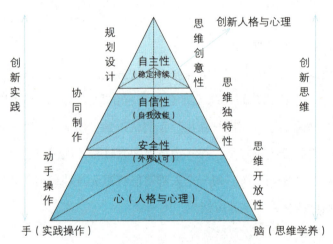

图1 创新素养模型建构与发展阶段

表1 创新素养的阶段发展特征

阶段划分	初级阶段（萌芽期）	中级阶段（发展期）	高级阶段（成熟期）
相应学段	学前至小学中段	小学高段至初中阶段	高中及以上阶段
阶段特征	开放性阶段	独特性阶段	创意性阶段
创新思维力（脑）	思维的开放性	思维的独特性	思维的独创性
创新实践力（手）	个体化的动手操作	同伴式的协同制作	团队性的规划设计
创新人格与心理（心）	外界认可的安全感	自我认可的自信力	稳定持续的自主性

二、创新素养的阶段特征：保持开放性与自主性

1. 创新思维及其阶段发展特征

关于创新思维，前人的研究从不同方面对其进行了定义。顿悟说、辐合思维说等不一而足。其中以美国心理学家吉尔福特（J. P. Guilford）的观点最为经典。美国心理学家吉尔福特认为创造性思维的实质是——发散与转化。他认为在智力结构中，最能体现创造性才能的因素是思维的发散性加工。发散性加工与思维的流畅性有关，即它的目的是为了满足某一特定需要而产生许多可供选择的信息项目。而"转化"是指在信息项目方面能够认识和产生变化，从而找到种种替代方案，避免思维定势。

儿童从出生开始就蕴含着创新的潜能，他们在智力上、身体上都在为此做准备，对儿童来说，外界的所有事物都是新鲜的，充满了未知，这个时候儿童的探究欲、想象力都处于高峰状态，这是处于人的生存本能而形成的创造热情，从这一点上看，所谓对创新素养的培养更多地是遵循儿童发展的规律，从而保护儿童的创造本能和热情，保护儿童成长的本能。

（1）初级阶段：注重思维的开放性与流畅性。

思维发展的初级阶段是指婴幼儿和儿童早期阶段，从学段上看，是指出生到小学低年级。根据皮亚杰的认知发生理论，这一时期儿童的思维发展表现出三种不同的方式：直觉行动思维、具体形象思维和抽象逻辑思维的萌芽。0—2岁幼儿的思维主要是直觉行动思维，直觉行动思维主要是利用直观的行动和动作解决问题的思维。2—7岁幼儿思维的主要形式是具体形象思维，具体形象思维是利用事物的形象以及事物形象之间的关系解决问题的思维。8岁及以上的儿童抽象思维开始萌芽，开始能够获得逆向思维，并能够去自我中心化，能够运用逻辑推理去解决一些问题。

这个阶段可以说是儿童思维的萌芽时期，在这个阶段要尽可能尊重儿童直

觉思维的特点，保持儿童思维的开放性和流畅性。让儿童去大量接触生动、形象、美妙、生机勃勃的自然世界，从而保护他们的想象力和探究欲；要充分了解儿童的发展特点，接纳儿童的思维发展现状，倾听儿童的声音和需要，并不断地给予适当的回应，这样儿童的思维就可以得到充分的发展，这为创新思维的发展奠定了良好的基础。

（2）中级阶段：注重思维的独特性与个性。

思维发展的中级阶段——儿童中后期和少年期，从学段上看，是指小学中高年级到初中阶段。这一阶段对应皮亚杰所说的具体运算阶段和形式运算阶段早期。在这个阶段，每个人的思维逐渐分化，并形成一定的个人倾向性，一部分孩子仍然处于具体运算阶段，形象思维占主导地位，这些孩子的想象力得到了很好的发展；而另一些孩子的抽象逻辑思维能力快速发展，乐于进行思维的挑战。

这一时期，儿童的思维更加灵活和深刻，他们能够表现出更强的理解、总结、归纳以及鉴赏的能力，他们在思维上表现出每个人不同的特点和倾向性。这一阶段应该尊重儿童思维的个性特点，为儿童提供多元化的具有思维挑战性的学习材料和学习机会，并尊重他们的思维成果，从而保持儿童思维的灵活性和个性。

（3）高级阶段：注重思维的创意性与精致性。

思维发展的高级阶段——青年及成年期，从学段上看，是指高中和大学阶段。如果在早期阶段和中期阶段儿童思维的开放性、流畅性、个性和灵活性得到发展，在青年及成年期，这种思维的创意性和精致性就会逐渐形成。思维的创意性不是某一种单一的思维方式，而是一种以产生新观点为指向的多种思维方式的结合，是分析思维和直觉思维的统一，也是人们对知识学习和文化环境认知的综合作用的产物。随着人们接收的外界信息不断增加，所身处的外界环境不断复杂，人的思维能力不断提升，人们对事物和心理的理解、加工、评价、重构的能力不断增强，对社会和其他需求的了解不断加深，人们的思维也更加深刻和精致，这为创新做好了思维上的准备。

2. 创新实践及其阶段发展特征

如果说创新思维是在头脑中对事物进行分析、加工、重组和改进，那么创新实践则是将创新思维的产物转化为现实的成果。创新的过程是产生新的方法、新的产品、新的服务的过程，而这个过程中不仅仅要在头脑中假设，更要通过具体的实践，将其转化为真实的成果。这个过程中需要人观察和发现问题，收集处理复杂的信息，体验实践，具体操作，与他人合作解决问题，并交流成果。

"创新实践"根据发展阶段可以分成三个层次：初级阶段即个体化的动手操作，中级阶段即同伴式的协同制作，高级阶段则是团队性的规划设计。

（1）初级阶段：个体化的动手操作。

儿童发展的早期，即出生到小学中段，这一时期儿童的实践力表现为个体化的动手操作。这一时期，儿童的思维发展处于直觉行动思维和具体形象思维占主导的阶段，儿童往往是通过行动来认识外界的具体事物，他们通过触摸、品尝、敲打等方式来了解事物的形状、味道、性质等等，并模仿成人的方式进行动手操作，这个时期的儿童处于自我中心阶段，难以客观地对待事物，不能区分他人与自我观点的不同，因此这个时期儿童的动手操作还是无意识的，处于模仿性、试探性的阶段，他们的行动几乎都是个体化的，具有明显的个性化倾向。这个阶段要保护儿童活动的权利，给他们充分的活动的自由，关注他们的操作过程和成果，使其体会到动手操作的成就感，这是此阶段儿童认识世界的重要途径。

（2）中级阶段：同伴式的协同制作。

儿童发展的中后期以及少年时期，对应的学段是小学中高年段和初中阶段。

此时，儿童的思维品质已经有了较大的发展，逻辑思维能力不断提升，他们逐渐走出了自我中心的状态，懂得在与他人的交往与互助中学习和发展，此时他们的活动范围不断扩大，对事物的认知更加深刻，相对应的，他们的实践能力也进一步增强，这一阶段的实践能力的特征表现出较强的主观意识和意愿，能够与他人相互协同配合，共同解决问题，完成某些实践活动，在此过程中不断提升自己认识问题和解决问题的实际能力。

（3）高级阶段：团队性的规划设计。

青少年时期，对应的学段是高中和大学阶段。这一时期走向了真正的创新实践，这一阶段的实践与创新思维密切结合，表现出对实践的宏观计划性，有明确的意图，对事物进行了深刻的分析，并在此基础上进行新的创造。这种创新实践往往表现为对团队的倚重，通过分工合作来完成比较大型的项目或实验，带有极强的主动因素；理性支配下的实践能力，具有完整的实践目标、实践步骤、实践反思和实践成果。

3. 创新人格与心理及其阶段发展特征

创新人格与心理是创新素养发展的动力系统和方向性保证，是创新能力行动的内在动力源，是实现创新所表现出来的特定的心理特征。创新思维和创新实践都需要创新人格与心理的支撑、指引。关于创新人格，学界的研究很多，例如托兰斯（E. Torrance）等研究发现：有创造性的儿童富有责任感、感情丰富、独立性强、有幽默感、爱自行学习、愿意尝试困难工作、好冒险、有强烈的好奇心、能自我观察、兴趣广泛、爱好沉思、独立而不盲从。[1]

类似的研究很多，我们不禁要问：在如此多的人格和心理要素中，哪些因素是最为关键的？特别是哪些因素是可以培养的，从这一关键的因素入手，我

---

[1] 董奇. 儿童创造力发展心理 [M]. 杭州：浙江教育出版社，1993：199.

们就可以破解创新人格与心理的密码。

通过对原有大量研究的分析，我们发现在创新人格与心理的诸多要素中，强烈的自信心和自主性是最为重要的关键。富有创造力的人往往具有强烈的自信心，能够冷静地看待周围事物，对自己想要达成的目标非常明确，不盲从，不犹豫，从而不断地迎接新的挑战，发现和解决新问题，而创新往往正是挑战和解决新问题的产物。

因此，我们将"自信力"和"自主性"作为切入点，将创新人格与心理的发展分为三个阶段。初级阶段即通过外界认可获得安全感；中级阶段即在充分获得安全感的基础上产生良好的自我认知，从而对自己产生自我认可，即自信力或称为自我效能感；高级阶段是长期累积的成功所带来的持续性的自主性，因为具有这种自主性，因此表现出敢于冒险，能够有毅力坚持自己的想法，并不断挑战，直至最终成功创新。

（1）初级阶段：外界认可的安全感。

儿童发展早期，在学段上是指学前和小学初级阶段。这一时期的儿童身体比较脆弱，没有办法独立生存，完全依赖父母等成人对自己的养育和保护。而在心理方面，儿童的自我意识还没有建立，或者说没有稳定的自我意识。儿童对自我的认知往往是通过成人的评价建立起来的，而且这个时期的儿童以模仿成人作为重要的学习方式。所以，对于这一时期的儿童来说，成人几乎是儿童生存和发展的主要依靠。儿童对自我的认知几乎都来自成人的评价，他们的身体和心理的安全感也来自成人的守护。这一时期的儿童心理上最重要的保障是获得成人的爱、接纳和欣赏，如果得到充分的良性互动，儿童就会形成安全感，感受到自己的力量与存在，并逐渐形成正向的自我意识和自我评价。

（2）中级阶段：自我认可的自信力。

儿童期和少年时期，从学段上看即小学中高年级和初中阶段。这一阶段是儿童的自我意识觉醒并不断强化的时期，他们将成人的外部评价转化为同伴评价和自我评价，将成人的接纳、认同、赞赏转变为对自我的认同，这样的儿童往往表现为对自己强烈的自信力或自我效能感，他们对自己的学习能力等有着充分的把握，因此可以不断挑战困难的问题与任务，并坚持完成。

（3）高级阶段：稳定持续的自主性。

此阶段主要表现为青年阶段，特别是高中和大学阶段。这是创新人格和心理成熟的时期，因为在儿童时期得到了充分的安全感，在少年时期获得了自我的认同和自信，在青年阶段这种自信更加稳定和持久，而且富有创造性的人往往因为自信表现出强烈的自主意识，他们愿意用自己的眼睛去观察，用自己的头脑去思考，用自己的双手去行动。他们愿意自主设定目标、自主安排时间、自主建立团队、自主解决问题，从而表现出坚强执着、追求卓越的意志品质，而这是人们进行创新所必备的人格与心理基础。

三、创新素养的人才发展类型：人人可能成为创新之人

长期以来，学术界一直有一种争论，即创新素养存在于某些特殊人群当中还是在人群中普遍存在？创新素养表现在人的哪些方面？是一种某些人所具有的特殊能力，还是所有人都具备的普遍而综合的能力？这些是极为重要的问题。

1950年吉尔福德对创造性的实践研究被认为是首次对"创造力"真正意义上的研究，他在名著《创造性才能：它们的性质、用途与培养》中提出，狭义上讲："创造力是指最能代表创造性人物特征的各种能力，创造性能力决定个体能否有能力在显著的水平上显示出创造性行为。具备种种必备能力的个体，实际上是否能够产生具有创造性质的结果，还取决于他的动机和气质特征。"[①] 他

---

① ［美］J. P. 吉尔福德. 创造性才能：它们的性质、用途与培养［M］. 施良方等，译. 北京：人民教育出版社，2006：6.

提出"所有人在某种程度上拥有所有的能力。因此可以预期，几乎所有人都会有创造性行动，不管这种创造性行动是多么微弱或多么罕见"①。

实际上，创造力并不等同于智商或者学业能力，创造力不是单纯的一种能力，而是多种能力相互作用的产物，而且几乎每个人都拥有创造的潜能，创造几乎可以说是人的一种本能，只是这种本能表现在不同的方面，也有一定的程度差异而已。创造力作为一种潜能存在于每个人的头脑和身体之中，它们遇到不同的文化、环境、境遇、条件，教育，就会转化为不同形式和不同程度的创新能力。

每个人的资质和禀赋不同，但是只要遇到适宜的文化教育的土壤，每个人创新的潜能都可能萌发，并发展成不同类型的创新人才。我根据创新素养的三个维度将创新人才分为"以思维知识为主的创新型人才""以设计实践为主的创新型人才"和"以管理人际为主的创新人才"三大类：以思维知识为主的创新型人才主要包括思想类、哲学类、文学类、数理学类人才等；以设计实践为主的创新型人才主要包括工程师、设计师、技师等工科类人才等；以管理人际为主的创新型人才主要包括企事业的管理者、教育心理工作者等。除此以外，根据霍华德·加德纳的"多元智能理论"，还有很多人表现出与众不同的特殊才能，比如体育人才、文艺人才、艺术类人才，这些人才我们可以称为"各类专项创新人才"。

三种不同的人才类型都有相互重合的部分，也就是说，有一部分人才的创新能力表现不是只有某个方面，而是多方面，我们将其称为"综合创新型人才"，而极少数人具有全方位的能力，我们可以将其称为"全面创新型人才"。

---

① ［美］J. P. 吉尔福德. 创造性才能：它们的性质、用途与培养［M］. 施良方等，译. 北京：人民教育出版社，2006：11.

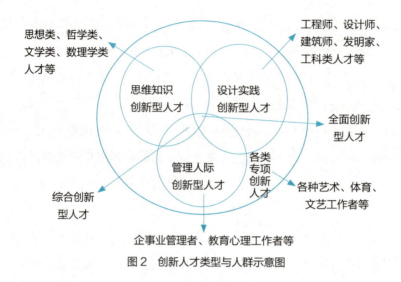

图 2　创新人才类型与人群示意图

表 2　创新人才的类型与人群

创新人才类型	主要人群
思维知识创新型人才	思想类、哲学类、文学类、数理学类人才等
设计实践创新型人才	工程师、设计师、建筑师、发明家、工科类人才等
管理人际创新型人才	企事业管理者、教育心理工作者等
各类专项创新人才	艺术、体育、文艺工作者等
综合创新型人才	在多领域表现出创新特质
全面创新型人才	在几乎所有领域都有创新表现的人

需要说明的是，各种创新人才之间并不能进行横向的比较，因为各种人才创造出来的价值都是独特的，认为某种创新人才优于其他人才的想法和做法都是不恰当的。对于一个社会来说，任何一种创新和创造都应该得到尊重，都可能产生价值，都是在推动社会和人类的进步。如果只重视某种类型的创新人才，而歧视其他类型的人才，则会出现"人不能尽其才，才不能尽其用"，某些领域创新人才集中，而另一些领域创新人才匮乏的局面，这对整个社会的发展都是极为不利的。

创新素养的培育：保障每位儿童高品质的学习

创造力到底是如何形成的？美国心理学家米哈里·契克森米哈赖（M. Csikszentmihalyi）从生物进化和文化演化的高度，提出创造力作为一种文化现象与导致生物进化的基因变化过程类似。因此，创造力并不是在人的大脑中发生的，而是在人的思想和社会文化环境的相互作用中发生的。它不是一种个体现象，而是全方位的现象。在此基础上提出了创造力系统模型。[1]

每个人都处于这样的文化系统中，我们必须培育这样有利于创造力形成的文化土壤，才能使儿童的创造力得到最大限度的保护和培养。

一、以"全纳"的态度保护每位儿童创新的可能性

长期以来，无论是学界还是民众中都有一种只有少数精英人士才可能成为创新人才的观点，这就造成了教育过程中的误区，认为要挑选"尖子生"进行特殊培养，给这些学生设计更丰富的课程，给他们更多的学业压力，更快的学习进度，更紧张的学习过程，才能把他们培养成为创新人才，而其他学生因为不具有创新的能力，因此并不在培养之列。这种精英式创新人才的观点拥有大量拥趸，国家通过各种方式进行筛选和拔尖，但是这样的人才取向以及相应的教育系统是非常不公平的，而且事实证明也是相当低效的。用这样层层筛选的方法所培养出来的所谓的精英人才并没有在创新中表现出太多的优势，相反，为此牺牲了多数学生的学习权利和创造的可能性，得不偿失。

当前，国际上已经对创新的概念进行进一步的深化和拓展，这让每个人的创新成为可能。在教育方面应该保障每一个孩子创新的可能性，不一定是成为

---

[1] 田友谊. 国外创造力理论研究新进展 [J]. 上海教育科研，2004（1）：14–17.

"专家"，他们可以在自己从事的工作中，在日常生活中去创新。在教育方面应该保障每一个孩子创新的可能性，不但是为了保障他们成长为某一方面的卓越人才，还是保护每一个人可以在自己未来的工作和生活中去创新，保障每一个人的学习权和发展权，就是在保护未来创新的可能性。具体到创新素养培养方面，学校要以"全纳"的态度来进行创新素养的培育，把每个学生都看作潜在的创新者，在教学理念、课程设计、教学方法等方面要以培育学生的创新素养作为重要的考量标准，不但要让创新课程面向所有的学生，而且要在基础课程和主干学科贯穿这一理念，让每个学生得到更好的发展机会，将来才可能成为某一方面的创新人才。

二、以倾听的方式促进儿童脑、手、心协调发展

从儿童创新素养的模型以及发展阶段的特征，我们可以看到儿童从出生就已经拥有了创新素养的萌芽，这个萌芽是非常普遍的，也是有其发展规律的。我们所采用的方法是保护这种创新、创意的萌芽，而不是用成人的知识来覆盖或者抹杀它。这需要我们从儿童发展的早期就要去观察儿童、倾听儿童，对儿童保持开放的、自主的态度，给他们温暖、积极的环境氛围，去倾听和接纳儿童，他们的奇思妙想或者涂鸦创作，虽然并不完美，但是弥足珍贵，这是人类最初的创造冲动的体现，应该得到赞扬和善待。这种被倾听、被接纳会转化为儿童自我认知的完善，从而形成自信心和自主性，否则儿童就会逐渐成为被动的、被塑造的角色，他们的自主性会逐渐丧失，我们很难想象一个缺乏自主性的孩子能够进行挑战性和创造性的活动。

而且，我们应该看到每个人具有的创新素养具有不同的倾向性，头脑思维的灵敏是创新素养的表现，动手操作能力、处理人际关系的能力等各方面的特长都是创新素养的重要体现。创新素养的结构和类型是多元的，各方面的能力

都有可能成就创新人才。在教育上就要保障每个孩子的个性化发展，激发孩子的潜力与可能。每个人在不同的发展阶段或者不同的环境下会表现出不同的创新特征。在教育方面需要我们把握儿童发展的阶段性特征，以适宜的方式促进儿童创新素养的发展。具体体现在课程设计、教学和评价方面要考虑不同学生的发展特点，给予学生多元的、可选择的课程设置；在教学材料的选择、教学方法的选择等方面都要充分考虑到学生的不同需求；在对学生进行评价的时候，要尽量减少评价的频率，降低评价的利害性，不断给学生以鼓励和支持，促进其发展。

三、以高品质的学习带领儿童挑战未知、挑战自我

我们的基础教育教学方面做得非常扎实、辛苦，我国学生在知识积累和成绩测试方面也有一定的优势，但为什么创新人才的培养却存在瓶颈呢？这里我们需要考虑的是知识的获取与创新之间是否具有必然的联系。从本质上讲，那些写进教材、学生必须掌握的知识是旧的、已知的、有确切答案的，所以可以采用灌输或者背诵的方法来进行，但是创新却是新的、未知的、没有确切答案的，需要高品质的思维过程和自主化的研究历程，而我们的教师和学生都非常缺乏这些高品质的学习经验。

所以我们的教育问题不是"量"的问题，而是"质"的差距。学生即便取得了相同的学业成绩，但因为学习历程不同，所以学习品质会有较大的区别。我们的课堂呈现这样的特征：教师讲、学生听、完全依赖教材、考试评价掌握程度。成绩高，但实际质量低，缺乏真实体验，学生难以产生学习的内在动力，学历极易"剥落"，学生更多是对已知世界的复制，缺少对未知世界的探索能力。这是以一种系统的方法把知识"喂"给学生，而没有提供机会让学生自己学习。他们很少接触自然，也缺乏社会实践经验，尽管这样学生学会了一些知

识技能，但他们并没有学会如何学习。①

　　1956年本杰明·布鲁姆将教学目标分为"知识、理解、应用、分析、综合、评价"六个层次，而他的学生洛·安德森对这六个层次进行了重新修订，将其归纳为"记忆、理解、应用、分析、评价、创造"。其中"记忆、理解、应用"被称为"低层次目标"，而"分析、评价、创造"被称为"高层次目标"，其中"创造"作为教育目标的最高层次，具有最高的动力价值，即以最高层次的"创造"作为教育目标取向，则相应的其他五个层次目标将会在"创造"的目标下达成；但如果仅仅以"记忆、理解、应用"这些低层次的教育目标为导向，就无法自然达成"创造"的高层次目标。我们的学校长期进行的以知识传递为取向的教育就是以"记忆、理解"为主要策略的方法，难以产生高品质的思维成果。

　　因此，我们要对学校的教学方式进行变革，弱化"教师的教"，凸显"学生的学"。要想不断提升学生自主学习的层次，教师要提供更加高品质的学习材料、更具挑战性的学习任务，尊重每个学生的学习特性，以学生自控和自主性学习为主，注重儿童的亲身实践与体验，强化学生之间的协同互助，不断提升他们挑战的水平和层次，学生对自己的学习负责，不仅使学习品质得到提升，同时可以得到全方位的发展。学习环境的目标是通过提供有趣的挑战和问题，激发学生学习的好奇心和动机，促进他们主动参与、自我导向和发展创造力。学习环境必须指导学生自己设定目标并进行自我评价。学生必须获得参与创建和发展自己的学习环境的机会。学生们在心理上、时间上、条件上才有足够的条件进行自主化的学习，并为未来的创新、创造打下良好的基础。

---

① ［美］马克·塔克.超越上海：美国应该如何建设世界顶尖的教育系统［M］.柯政，主译.上海：华东师范大学出版社，2013：40.

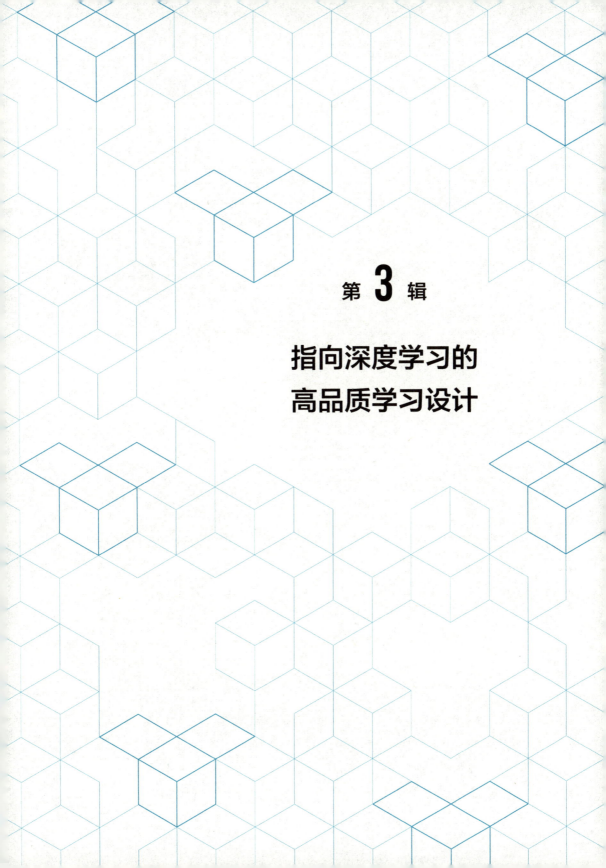

第 3 辑

指向深度学习的高品质学习设计

高品质学习设计及其指向

第一章

学习设计的概念分析

学习设计（learning design 或 design for learning）自 2000 年以来受到越来越多的关注。"设计"原指与美学相关的功能性建筑或者物品等的创新与制作，后被引用到教学与学习领域中来。罗伦德（Rowinad. G）认为，设计是为了构想和实现某种具有实际效用的新事物而进行的探究活动；设计要以科学原理或理论为基础，其结果是提出解决问题的创新性方案。尼尔森（Nelson. D）强调"设计"思想在掌握学习技能过程中的地位，认为"设计"是问题解决的催化剂，问题解决模型的建立和批判性思维的形成需要通过"设计"的过程一步步引导学生才能习得。[1]

学习设计是从学生多样化学习需求、认知能力和经验世界出发，设计学习任务框架，并以最合理优化的方式进行组织和呈现，使学生获得更好的学习体验和学习效果。学习设计强调学习任务与学习者的经验世界相联结，注重发挥学习者的主体性并增加其归属感，将有效的学习建立在学习者知识、经验、兴趣、动机与信念之上，且在学习中实现知识迁移。"学习设计"是一种复杂的整

---

[1] 李美凤，孙玉杰. 国外"设计型学习"研究与应用综述 [J]. 现代教育技术，2015（7）：12–18.

合过程，包括计划、设计、教学和学习活动实施等阶段。[①] "学习设计"既表示学习活动的创造性设计过程也表示这一过程的结果。[②] 当前，越来越多的教育研究者和实践者意识到学习设计的原理和方法极大影响着教育教学效果。[③]

高品质学习设计的指向

对于学生们来说，高品质学习设计意味着学习方式的优化，更多的学习机会，更丰富生动的学习体验，更确切的学习成果，以及持续学习的可能性。对于教师来说，高品质的学习设计既是对自我的挑战，也是专业发展的有效路径。这意味着教师要从既定的教学经验中走出来，要从现成知识讲授者的角色中走出来，根据学生的需求进行有效的设计。不但要考虑到每个学生的发展需求，还要考虑到学生群体共同发展的愿景与可能，从这个意义上说，教师将成为专业的学习设计者。

一、质量指向：高品质学习设计指向深度学习

高品质的学习设计能够促进学生的深度学习。所谓"深度学习"（deep learning）是基于学习者自发的、自主性的内在学习动机，并依靠对问题本身探究的内在兴趣维持的一种长期的、全身心投入的持久学习力。首先，从动机

[①] Dobozy, E. and Cameron, L. Special issue on learning design research: Mapping the terrain. *Australasian Journal of Educational Technology*, 2018（2）：47–54.
[②] Mor, Y.; Craft, B.; Maina, M. Introduction—Learning Design: Definitions, Current Issues and Grand Challenges. *In The Art & Science of Learning Design*. Sense Publishers: Rotterdam, The Netherlands, 2015: 9–26.
[③] Dobozy, E. . Learning design research: advancing pedagogies in the digital age. *Educational Media International*, 2013（1）：63–76.

情感上来说，深度学习是一种全身心的投入、令人身心愉悦、充实的学习状态，学习者常常是忘我的，不知疲倦的；其次，从认知的角度上看，深度学习是思维不断深化的过程，向高阶思维阶段（分析、评价、创造）发展，学习者能够不断自我反思与调节，因此这样的学习最终是通往自发的创造；最后，从人际关系的角度来看，进入深度学习者对自己的学习充满信心，而且能够与他人有效沟通合作，共同克服困难、解决问题。深度学习活动会形成一种持续探索的冲动，并将不断深化，深度学习如同"螺旋桨"，是一个人成长和发展的巨大动力系统[1]。

高品质的学习设计将促进学生的深度学习，这样的学习设计至少要具备三方面的特征：

从认知角度来看，学习设计要指向深度理解和问题解决，而不是单纯的记忆和肤浅的理解，这样的学习设计是对学生大脑和认知的挑战，形成了新的知识序列和联结，真正与学生原有知识发生深刻的交融，进入高层次的思维系统，能够顺利地进行迁移和运用，并以融会贯通的方式来解决相应的问题，甚至产生创造性的思考和方案。

从自我角度来看，学习设计要有助于学生的自主探索，能够帮助学生找到问题域，并以学生感兴趣的方式来呈现，学生在有趣且富于挑战的问题引领下不断自主寻找答案，从而形成不断深化的学习历程，并在此过程中学会学习，真正热爱学习。

从人际的角度来看，学习设计要有助于学生之间有效地沟通，特别是形成一种人人平等、温暖润泽的氛围，学生通过彼此平等的协作、交流去学习，去解决问题，通过彼此的倾听和学习，来达成超乎自身原有认知能力的学习成果。

---

[1] 陈静静，谈杨. 课堂的困境与变革：从浅表学习到深度学习[J]. 教育发展研究，2018（15–16）：90–96.

二、公平指向：高品质学习设计指向学生群体的平等互学

高品质的学习设计能够拓宽学习的宽度和广度。在学校或者班级的情境下，学习设计要面对学生全体，面向每一位学生。因此，高品质的学习设计要给予学生平等的学习权，让每位学生得到平等、公平的学习权。每位学生虽然有其特殊的家庭背景、生长环境、性格禀赋，但他们对平等、爱、归属、信任都充满渴望，学生的这些渴望往往会通过不同的方式来表达，这需要教师能够用心去体会，看到学生行为表现背后的精神诉求，看到学生发展的可能性。因此，在学习设计的过程中要关注以下三个方面：

第一，公平的学习机会的创设。在学习设计的过程中要考虑到全体学生的共同需求，因此在学习任务设计时要考虑公平性、全纳性，让所有的学生都有机会参与进来，所有的学生都有机会经历思考、探究、实践、表达、研讨等学习过程；每位学生都能形成自己的学习成果，并有机会呈现和交流自己的学习成果，在学习过程中学生可以获得平等的反馈、鼓励等机会，并从中获得成就感和满足感；每位学生都有机会提出自己的疑问、不同的方案，并有机会进一步去探索、修订和优化，从而让自己的学习真正发生。

第二，学生之间互学网络的构建。在学习设计的过程中，要考虑到学生之间相互学习的可能性，并为学生们有意识地创设这样的机会和平台。让学生之间通过各种学习活动相互熟悉和亲近，形成良好的"互学关系"，"互学关系"不仅仅存在于同组伙伴之间，更存在于全班同学之间，从而形成班级中所有人之间的彼此倾听、相互关照、共同探索。学生之间互为学习的"脚手架"，将在学习中获得更多的信息、经验、方案、方法，从而拓宽自身的学习渠道。

第三，多元化学习机会的提供。通用学习设计（Universal Design for Learning）提出了设计的三原则：提供多元化表现方式（multiple means of representation），提供多元化行动与表达方式（multiple means of action and expression），提供多元化参与方式（multiple means of engagement），以便所有的学生都有机会以自己最擅长、最优势的方式进行学习。[1] 在学习设计的过程中，要充分考虑到每位学生的兴趣、爱好、特长、学习类型等，将这些要素结合到学习设计之中，让每位学生都有机会体会学习的成就感与乐趣。

高品质的学习设计以保障每位学生的学习权为目标，让每一位学生有机会以最积极、最愉悦的状态参与到学习中来。学生不但取得个体学习的成功，而且能够通过同伴之间的相互学习，共同探索，形成共生共存、共学共赢的学习共同体。

---

[1] Capp, M. J. The effectiveness of Universal Design for Learning: A meta-analysis of literature between 2013 and 2016. *International Journal of Inclusive Education*, 2017（8）：791–807.

高品质学习设计的要素与模型：宏观取向

第二章

学习设计是一项系统工程，从宏观上说学习设计由多种要素构成。学习设计以满足学生学习需求为目标，引导学生持续投入学习，并进入深度学习的状态。从学习环境来看要设计丰富生动的多元化学习环境，让学生处于各种新异刺激之中，学生的多方面能力可得到最大限度地发挥；从人际关系来说，学习设计要尽可能创设自治互信的关系，促进学生的自主学习和学生之间的互助合作，从而提升学习的效果，保证每一位学生得到最大限度的发展；从学习任务来看，要尽可能设计真实而具有挑战性的学习任务，让学生将基本概念和原理在真实的情境中综合运用，从而锻炼他们的高阶思维和问题解决能力，这也是深度学习的重要特征。在丰富而生动的学习环境中，在自治互信的人际关系中，每位学生全身心地投入学习，共同探索和完成真实的挑战性任务，从而形成信赖共生的学习共同体。具体见图1。

以学生的学习需求为中心，以深度学习为目标

学生的学习需求首先来自自身对自然世界的好奇，对问题的思考与探索的本能，他们渴望通过自身的思考、探索、研究来解决困扰他们的问题，并在此

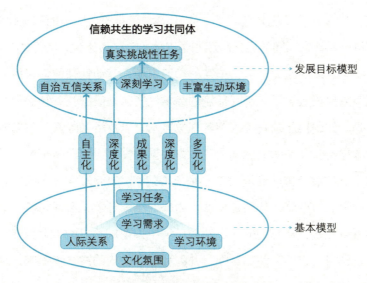

图1 高品质学习设计的宏观取向模型

过程中形成知识和能力。因此,无论从学习环境的构建、人际关系的建设还是学习任务的设计都要充分考虑到学生的天性、兴趣、爱好、特点和优势,从而提升学生的学习动机和学习效果。为此,成人必须重新回到童年,从儿童的视角出发来完成这项工作。最好的教师能够理解儿童的感受,并作出回应。[①] 可以通过借鉴自己童年的经历来理解儿童的感受,也可以通过对儿童的细致而长期的观察来获得更多的信息,这不仅仅是懂得儿童行为和情感的方式,更是教育工作者必备的专业能力。

多元化学习环境与资源让学习丰富而生动

学习环境对学生来说既是学习的场所,也是学习的资源,学生能够在环境

---

① [美]埃里克·M.纳尔逊.以儿童为中心的学习环境的设计与实施[M].丁道勇,等译.北京:教育科学出版社,2017:37.

中直接获得很多知识，比如艺术的、审美的、空间的、地理的、文化的知识，同时环境也给人带来不同的心理暗示和学习体验。一般来说，安静的、温暖的、明亮的、安全舒适的空间环境，丰富的学习资源、互动性强的学习材料等都会让学生更有效地投入学习。学习环境的经常性变化是吸引注意和提供视觉刺激的有效工具。如调换座位安排、旋转视觉显示，以及增加与教学主题相关的物品。如果考虑到新异性对抓住学生注意力的重要性，为帮助学生更加专注而花时间来做出哪怕最简单的环境改变也是值得的。① 如何使学习环境根据学习内容和学生的情况而变化，特别是将课堂内外的空间环境灵活地切换，活用自然环境中的教育要素，从真实的、自然的环境中去挖掘学习的机会和资源，从而加深学生对学习内容的理解和掌握，并有利于学生们的进一步探究，这对学习设计而言是极为重要的。

构建自治互信的人际关系，促进自主化学习

安全、归属、爱与尊重的需求是儿童的基本心理需求，这是让学生投入学习的前提条件。所以教师要在人际关系的构建方面进行有效的设计，让学生们感受到平等、尊重和包容，以便教师与学生之间、学生与学生之间形成良性的互动关系。这种正向的人际关系的建立不但能够促进信息的传递与交流，还能拓展学习的渠道和方法，也让学习成为一种积极的、愉快的体验。当课堂是互动的、有意义的、当学习内容与生活相关时，学生们便能够更好地投入学习。②

---

① ［美］玛丽亚·哈迪曼. 脑课堂与课堂——以脑为导向的教学模式［M］. 杨志，等译. 上海：华东师范大学出版社，2018：33，61.
② 同上.

因此我们在课堂的所有环节都必须考虑到如何让所有学生都参与进去，关注到每一位学生平等参与学习的机制构建。

真实挑战的学习任务形成创造性学习成果

学习任务的设计是学习设计的核心内容。要激发学生的学习兴趣和探究欲望，就要设计有趣而有挑战的核心问题，问题的呈现方式与学生日常生活相联系，并直接体现学生可能感兴趣的自然和社会领域中的热点问题。问题的呈现方式最好能够引发学生的认知冲突，让学生感受到心智挑战，形成自主探究的内在推动力，而不仅仅是找到唯一的、确定的答案。问题的设计要具有比较明显的开放性，特别是能够与真实世界中存在的复杂性问题的解决相关，这样会获得最好的学习效果。

信赖共生的文化氛围是高品质学习设计的保障

文化氛围无论对教师的学习设计还是对学生的学习都会产生潜移默化的影响。这里的文化氛围包括提倡怎样的学习愿景、怎样的学习观和学生发展观，如何评价学习设计的效果等。高品质的学习设计需要好的文化氛围的引领和保障，同时，学习设计实施的结果不断改变和优化文化氛围。系统化的学习设计本质上就是在形塑课堂文化与学校文化。

高品质学习任务设计：微观取向 第三章

问题驱动：教学内容转化为学生自主问题解决

　　问题解决是人类学习和改变世界的重要方式，但在课堂教学中，教师却往往忽视问题解决的作用，而将传授现成的、系统化的知识作为主要的方法，而学生则是不假思索地记住这些知识。因为学生缺少对问题的提出、分析、解决、反思的真实历程，他们的学习往往处在一种浅表层面，学习的知识和内容极为有限。

　　那么问题如何设计呢？从教师的设计思路来说，教师更加倾向于考虑学科的基本逻辑：教学目标的要求、教材的设计、课时的要求等等，所以在问题设计的时候往往会出现以教师为中心、以教材为中心的倾向。这是当前教学设计存在的弊端之一。因为教师在做教学设计的时候较少考虑学生的具体情况，包括学生的需求、困境等，所以教学设计往往不能解决学生的真实问题，从而出现越来越严重的教与学的错位。而实际上要进行有效的学习设计，教师仅仅考虑学科的逻辑是不够的，甚至可以说是本末倒置，要使教学真正促进学生的学习，教师在进行设计时，必须考虑学生的逻辑，其中既包括学生整体学情，也包括学生的个性化的、发展性的需求。在现实的教学中，如果出现学科逻辑与学生逻辑产生矛盾的情况，应该以学生逻辑为准，而不应该生搬硬套外在标准，否则，不但无法达成目标，更会使学生受到心理的打击而失去学习的兴趣，课堂教学的效果也就难以保证。

因此，对于学习设计来说，教师要对教学内容有全盘的把握和深度的理解，并根据学生的兴趣、需求等来确定问题。根据问题的复杂性和难度，我们将其分成基础性问题和挑战性问题。所谓的普通基础性问题是结构比较简单，难度较低，解决方法比较单一，对心智难以造成很大的挑战，多数学生可以通过自主学习进行有效探索的问题，因此是需要多数学生理解和掌握的问题。

核心挑战性问题则是结构比较复杂，难度较高，解决方案比较开放多元，对心智的挑战比较大，多数学生很难通过自主探索来解决，而需要长时间思考、与他人协同合作，或者在教师及成人的指导下才能够解决的问题。一个好的核心挑战性问题是开放性的，通常不限于一个单一的、最终的和正确的答案；能够激发思考，富有挑战性，经常会引发讨论和辩论；需要高层次的思考，比如分析、推论、评价、预测；没办法单凭记忆来有效回答；指向学科领域里面（有时是跨学科领域）很重要的、可迁移应用的想法；引发另外的问题，并引燃更进一步的探究；要求支持证据和正当理由，而非只给一个答案；随着学习的不断深入重复出现，核心问题可以也应该一而再，再而三地重新思考。①

核心挑战性问题的设计不但要求教师对学科知识的深刻理解，而且要不断研究和发现学生在学习过程中存在的真正的疑难，而这些问题的设计正好能够体现学生的认知困境，激发学生的认知冲突，从而对问题进行更加深刻的剖析和认识，形成深刻的见解。这是学习设计中必须思考的方面。从学科的角度上来看，每个学科都有自己的独特性，而学科核心问题就要设计本学科最为重要也最疑难的地方，学习设计要体现学科的本质的核心概念，同时要借助问题设计来帮助学生突破认知困境和盲点，这些都可以作为学习设计的切入点。学生容易误解之处，正是学习设计的重点。误解对教师来讲非常有价值，而不仅仅

---

① ［美］杰伊·麦克泰格，格兰特·威金斯.核心问题：开启学生理解之门［M］.侯秋玲，等译.新北：心理出版社股份有限公司，2016：4.

是一个需要纠正的错误。它意味着一种尝试性的、看似有道理但是并不成功的知识迁移。许多教师不仅没有看到学生误解所反馈的价值，反而对它感到不满和气愤。误解是指在一个新情境下用貌似合理但并非正确的方式解决问题。因为学生没学明白而失去耐性的教师自身也同样没能意识到理解的真谛。那些顶尖的认知研究者认为，深挖学生的观念和误解，在设计学习时对它们加以重视是获得更好学习效果的关键。[①]

从问题的性质来看，好的学习设计不仅要能够解决学科内的问题，而且要跨学科解决真实问题。要设计好学科之内的核心挑战性问题就不容易，要设计学生们感兴趣的、来自自然界和人类社会的真实问题，并引导学生进行有效的问题解决，这是学习设计的终极目标。如果由问题解决引发新的创造性实践，那么这样的学习设计无疑是最为成功的。因此，可以说学习设计是一种高度综合的活动，教师不但要结合某一学科的内容来设计挑战性问题，而且要针对现实世界中的真实问题或者挑战来引导学生提出解决方案，这需要综合应用各门学科的知识来进行问题解决。当前学校教育一般按照分科课程进行，而真正高品质的学习设计会为学生提供接触复杂、真实的问题情境的机会，让学生通过体验、分析、应用跨学科知识来创造性地解决问题，这对所有的教师而言都是很大的挑战，同时也是教师专业性的重要体现。

大概念（big idea）整合：在学科系统中确定明确的优先次序

目前课堂教学中，教师的教学设计存在共性问题是因为对本学科和学段的

[①] ［美］格兰特·威金斯等. 追求理解的教学设计（第二版）[M]. 闫寒冰，等译. 上海：华东师范大学出版社，2017：55.

知识内容缺少系统性的把握和理解，所以教师的教学设计往往不能切中要害。一方面，表现为教学中涉及大量零散、无关联的知识，教师在教学准备时将大量的时间花在并不重要的知识上，而没有形成知识体系，课堂时间被大量占用和浪费；另一方面，教师很难找到学生真正难以理解的"迷思概念"，也很难去分析学生的认知冲突和学习困境到底在哪里，所以采用大量冗杂的知识或问题去占据课堂，学生漫无目的地回答这些问题，没有办法去思考问题背后的目标导向和逻辑体系。在长期的课堂观察中，我们会发现几乎每节课，教师的教学时间都是不充分的，学生的学习也只是囫囵吞枣，没有办法深入。因为没有办法按时完成学习任务，教师只能迅速地把答案告诉学生，并要求学生进行记忆和背诵，这使学生始终处于一种浅表学习的状态，而且很容易造成厌学的情况。

因此要进行有效的学习设计，教师要对本学科有系统全面的把握，能够对本学科的"知识地图"进行确认，并能够以大概念为基础，对学科的系统和框架进行建构。大概念是学科的核心，也是基础概念。布鲁姆（1981）提出了迁移是大概念的本质和价值所在。每一个学科领域都有一些基本概念，它们是对学者们所研究内容的归纳和总结——这些概念为曾经研究的内容赋予了许多意义，同时它们也为许多新问题的处理提供了基本思路……我们认为哲学和教师的首要任务就是不断地探寻这些抽象概念，找到帮助学生学习这些概念的方式，尤其是帮助学生学会如何在各种不同的情况下使用它们……学会使用这些准则就具备了处理各种问题的能力。[1]

大概念可以帮助学生将各个知识点联系起来。大概念作为教师教学的有力助手，有助于知识和技能的整合。确定少数几个大概念，并围绕它们进行精心

---

[1] Broom, B., Madaus, G., &Hastings, J. T. *Evaluation to improve learning*. New York: McGraw-Hill, 1981：235.

设计。大概念是理解的必要条件，抓不住关键思想以及不能将大概念与相关内容知识联系起来，留给我们的就只是一些零碎的、无用的知识，不能起到任何作用。①

　　以大概念为内核，我们建立了关于学科的基本框架，对学科有了更加深刻的理解。因此可以进行学科教材的筛选、重组、修订等，也可以进行单元设计、学科内部以及跨学科的统整。这使得教师更加自由，教师掌握了全面的材料，可以根据自己的需要进行灵活的设计和组织。教师就会从细碎的、冗杂的知识点中抽离出来，站在更高的角度，对教学内容进行创造性的重构，对教师来说，对学科知识地图和大概念的深刻把握，是获得专业自主权的重要方式。如何将大概念融入学生所熟悉和感兴趣的真实生活，这是教师必然遇到的挑战。为此，教师要认真倾听学生，理解学生对学科大概念可能存在的误解，然后把学习设计建立在这种极易产生误区之处，促进学习者反复探索大概念的相关问题，并使学习不断走向深入。

　　通过分析大概念，我们厘清课程的核心价值和标准，确定教学的关键目标，并能够根据与大概念之间的关系确定问题设计的优先顺序（如图1所示），将那些体现大概念、具有真正核心价值的问题作为课堂探讨的重点问题和主要学习任务，而其他问题则作为解决问题的资料来处理，学生更加了解学习的重点，也可以有更多的时间和空间对大概念进行深入的探讨，这样的学习必然走向意义化和深化。教师不仅仅要让学生理解大概念是什么，而且还要用高品质的学习设计来不断引导学生深入探究，发展学生的心智和判断，使其成为对学习和探究表现出极大兴趣与持续投入的终身学习者。

---

① ［美］格兰特·威金斯等.追求理解的教学设计（第二版）[M].闫寒冰，等译.上海：华东师范大学出版社，2017：72.

图1 基于大概念的学习设计优先次序模型

逆向设计（backward design）：从目标概念到任务设计

尼尔森认为传统的"顺向思维"始于基本事实，而逆向思维则开始于最高级别的推理。他提出了"逆向思维"模型，分成以下六步：需要教什么（主要概念、标准）—从课程中确定一个问题（陈述一个从未见过的挑战）—建立评价标准（在课程、标准、内容基础上建立"需要做"和"不需要做"的列表设计评价）—让学生动手实验，建立立体模型，呈现与反思，解释怎样做与"为什么"，根据前测的标准进行评价、交流、分享—指导课程（调查信息：讲述、写、比较、纠正、交流、探讨和分享结果）—学生反思设计（重新建立模型应用所学知识评价分析）。设计应该是"以始为终"，从学科结果开始逆向思考。[①]

教师在思考如何开展教与学活动之前，先要努力思考此类学习要达到的目的到底是什么以及哪些证据能够表明学习达到了目的。虽然我们习惯上总是考

---

① 李美凤，孙玉杰. 国外"设计型学习"研究与应用综述［J］. 现代教育技术，2015（7）：12–18.

虑教什么和如何教，但现在我们必须挑战自我，首先关注学习结果，这样才能产生适合的教学行为。

阶段1：确定预期结果。学生应该知道什么、理解什么，能够做什么？如何实现期望的持久理解？还需要明确学习的优先次序。阶段2：确定合适的评估证据。我们如何知道学生是否已经达到了预期结果？哪些证据能够说明学生的理解和掌握程度？我们要根据收集的评估证据来思考单元或课程，而不是简单地根据要讲的内容或是一系列学习活动来思考单元或课程。思考如何确定学生已经达到了预期的理解。阶段3：设计学习体验和教学。学生需要哪些知识和技能？哪些活动可以使学生获得所需要的知识和技能？根据具体表现特征，我们需要教哪些内容，指导学生做什么？如何用最恰当的方式开展教学？要完成教学目标，哪些材料和资源是最合适的？①

我国教师往往采用正向思维的方式来设计教案和教学，按照需要讲授问题的逻辑顺序，从简单到复杂，从低级到高级，一个步骤一个步骤地讲解，然后学生按照教师讲解的顺序和方法进行重复记忆，再采用变式练习的方法进行巩固和迁移。其中最主要的问题是学生对于教师所设计的问题和问题链的逻辑不甚清晰，因此只能被动地跟着教师的步骤做，而没有实质性地参与到问题解决中来，学生对问题与知识之间的关系比较模糊，也很难产生迁移的效果，更加难以创新性地解决问题。而如果采用逆向思维的方式，教师根据学科教学需要和学生学习水平确定了高层次的教学目标，并将教学目标转化为学生可理解、感兴趣的学习情境和学习体验，由学生进行自主思考，协同互助，通过自己的投入和努力解决了高层次的问题，而基础性知识则成为问题解决所需要的资料，那么学生解决高阶问题的过程也是夯实和巩固基础性问题的过程，而学生在学

---

① ［美］格兰特·威金斯等．追求理解的教学设计（第二版）[M]．闫寒冰，等译．上海：华东师范大学出版社，2017：19．

习过程中因为全身心地主动参与而进入了深度学习的状态（如图2、图3所示）。

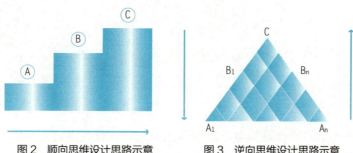

图2　顺向思维设计思路示意　　图3　逆向思维设计思路示意

在学习设计的过程中，要充分考虑学生的学习需求，学生提出的疑问、困难、兴趣等，都是学习设计的重要参考依据。问题从学生中来，从学生的好奇和未知中来，对学生自身的学习来说具有重大意义。对于学生来说，提出问题正是学习的开始，因此我倡导"师生共创的学习设计循环"（如图4所示）。

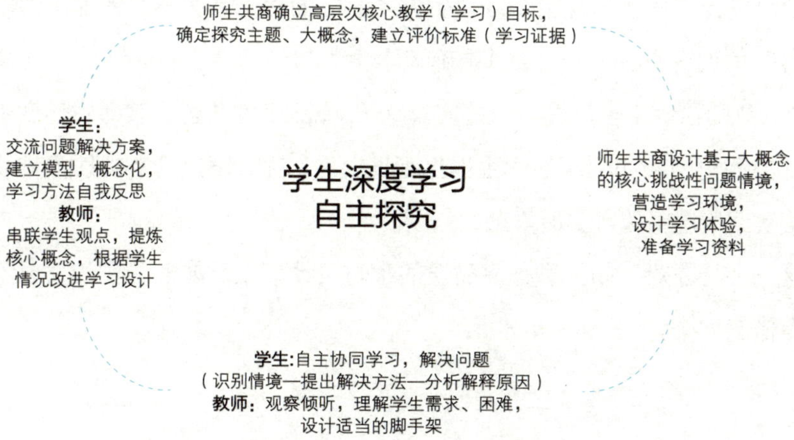

师生共商确立高层次核心教学（学习）目标，
确定探究主题、大概念，建立评价标准（学习证据）

学生： 交流问题解决方案，建立模型、概念化，学习方法自我反思
教师： 串联学生观点，提炼核心概念，根据学生情况改进学习设计

学生深度学习
自主探究

师生共商设计基于大概念的核心挑战性问题情境，营造学习环境，设计学习体验，准备学习资料

学生： 自主协同学习，解决问题
（识别情境—提出解决方法—分析解释原因）
教师： 观察倾听，理解学生需求、困难，设计适当的脚手架

图4　师生共创的学习设计循环

高品质学习设计的迭代与更新

第四章

高品质的学习设计意味着不断地改进和迭代,拒绝单纯的模仿或者复制。在学习设计实施的过程中,要通过倾听学生、课堂观察、学习成果分析等方式了解学生在学习中遇到的困难和问题,调研学生的学习需求,探索学生进一步学习的可能性和条件,在此基础上对原有的学习设计进行调整和改进。随着学生学习能力的提升,以及教师学习设计能力的不断提高,学习设计要跳出原有的格局、套路,走向新的发展阶段。

学习设计本质上体现了"以学生为中心"的理念。有研究者提出"以学生为中心"的教育有三大特征:(1)确保学生参与到活动中去并建构其自身的知识;(2)教师在学生学习过程中扮演教练(coach)的角色,教师引导学生的学习,并为遇到困难和问题的学生提供帮助;(3)教师设计真实的任务,让学生去解决实践情境中的真实而复杂的问题。[①]

这三大特征对于如何进行高品质的学习设计,以及如何迭代和发展学习设计具有借鉴意义。

---

① Beaten, M., Struyven, K. & Dochy, F. Student-centered teaching methods: Can they optimize students' approaches to learning in professional higher education? *Studies in Educational Evaluation*, 2013(39): 14–22.

学生学习方式：被动参与—自主参与—自由探索

从本质上说，学习设计是对学生学习方式的引导，要以"设计"引导学生参与到学习中来，学会学习，并逐渐获得自由地探索和学习的能力。因此学习设计的目标要有所变化，当学生没有学习的动力和基础的时候，要通过各种细致、活泼、吸引人的设计来吸引学生的注意力，吸引学生参与到学习中来。要引导学生与教师共同进行学习设计，把学生的想法、疑问、探索作为学习设计的最基本依据和内容，在学习设计的方法上也尽可能吸收学生的意见和想法；而当学生的学习能力很强，他们期待更加自由而宽泛的学习时，就要把学习设计的主动权给到学生，让他们尽情发挥自己的聪明才智、优势特长、资源材料，教师更多的是提供机会、给予支持、搭建平台，此时学生的学习进入一种完全自主甚至自由的状态，这样的学习是深度学习真正的表现，学生体会到探索的乐趣，获得学习的心流体验（flow），会将学习持续下去。

学习任务：基础性任务—挑战性任务—创造性活动

最初学习设计以基础性任务为主，即教师能够把握教学的核心内容，并将这些核心内容转化为让学生参与的学习任务，让学生们尝试去解决，学生完成学习任务的过程多数是解题过程。学习任务比较简单、清晰、单纯，不同的问题之间相关性不强，比较容易解决，学生遇到的困难不大，学习成果也比较单一。当学生的学习能力有所提升时，要进一步增加学习任务的挑战性，学习内容难度更大，内容更加复杂，问题间的相关性更强，需要运用高阶思维来解决，这样的学习任务让学生感受到挑战，同时也被这样的学习任务吸引。学生为了解决这样的问题，需要将基础知识不断夯实、串联和综合运用才能解决，学生的学习能力得到进一步提升。高品质的学习设计最终要走向创造性的活动，让学生自行发现问题、分析问题，并通过查找资料、共同探讨、持续研发等方式来解决问题，并形成创造性的成果，这样的学习才是真正走向了学习的本质——自主创造。

与学科的关系：学科内学习—跨学科探索—真实问题解决

我国具有长期的学科学习和研究的历史，不但各个学科知识泾渭分明，不同学科的教师之间也较少交流，因此学科内的学习设计仍然是目前的主流。从学科的角度上来看，教师能够把握学科的本质、知识地图和核心概念，并且能够充分了解学生的学习困难，特别是迷思概念，能够理解自己班级学生的复杂学情，能够将其转化为符合学生需求的学习设计，这是目前我国教师要面对的首要课题。通过高品质的学习设计，让学生理解本学科的基本知识、基本概念与方法，并且获得学科学习的兴趣和能力，是现阶段学习设计的主要目标。但一味强调学科内的学习是有局限性的，因此，要进一步强化不同学科教师之间的协同合作，不同学科的教师共同备课、共同研究，会形成一些跨学科的学习设计思路，这样的跨学科学习设计不断增加，质量不断提升，拓宽了学生学习的"宽度"和"复杂性"，并更加接近真实世界的存在，这种跨学科的学习设计更像是在模拟真实世界，这样的学习任务更加真实、复杂，对学生来说挑战性更大，同时也具有更强的吸引力。跨学科的学习设计不断逼近真实世界，从而让学生形成面对真实世界，发现和解决真实世界复杂问题的能力，因为真实世界中的问题解决是不断深化的，从而也使学习不断深入，深度学习真正发生，并因此形成创新性的学习成果。

教师专业发展：教学执行者—学习设计师—课程创造者

高品质的学习设计对我国教师来说是巨大的挑战，同时也是教师专业发展的重要契机。当前，多数教师将自己定位为教学的执行者，在教材内容、参考资料以及考试方案比较清晰的情况下，多数教师往往会以最简单的方式来应对，即将这些内容以灌输和传递的方式给到学生，并以考试的方式来进行检测。这样简单应对的思维方式，令教师的工作更加简化，但如果教学效果不太好，教师会体会到一种虚无感和压力感，会觉得自己没有行动的自主权，自己的工作都是被规定的，从而产生倦怠感和无力感。

要改变这样的现状，教师必须改变自己的角色定位。有研究者将优秀的学习设计者比作"炼金师"（design alchemist），他们也是优秀的课堂实践者，这些实践者总是以学生为中心教学，创造了通过协同学习解决现实中问题的主动学习的经验。这样的学习最终能将新知识和已有知识进行有效的综合。①

要成为高水平的"学习设计师"，教师必须全面理解和把握学科本质，充分了解班级学生的学情和问题，充分考虑到学生的学习兴趣和需求，充分利用一切可能的资源和条件，对这些方面进行分析、组合和设计。这样的"学习设计师"通过学生的学习实践反馈来进行改进、迭代和发展，并从中体会设计、研究和成长的乐趣。优秀的学习设计者不满足于已有的教材内容、教学方法、学科格局、课时安排等等，会根据学生的需要不断地整合、优化、完善和更新这些内容与方法，从而成为课程的创造者，带领学生共同参与、共同设计、共同创造，与学生们一道成为学习者和创造者，成为真正意义上的深度学习共同体。

---

① Sims, R. Design Alchemy: Transforming the way we think about learning and teaching Educational Communication and Technology: Issues and Innovation. New York:Springer. 2014:141.

学习设计的载体：学习单

学习单的作用

　　学习单，也称学习任务单，是学习设计的主要载体，其主要作用是将教学目标转化成学习任务，具体呈现给学生，让学生清晰地认识到所要完成的学习任务、学习方法和学习资料等等。学生自主、协同地完成学习任务，从而习得和掌握相应的学习内容，并在挑战性任务的引领下，不断深化自身的学习。学习单设计好后，会分配给每一位学生，让每一位学生对学习任务都清晰明了，并且将自己对学习任务的理解、思考、解决方案等呈现在学习单上。学生通过在学习单上落笔来确认和反思自己的方法的正确性，同时可以在学习单上不断地修改和完善自己的学习成果。学习单成为学生思维外显的可视化工具，也是呈现学生学习成果的重要方式，教师可以根据学习单的完成过程和学习成果来对学生的学习进行细致的观察与分析，从而深刻理解学生的学习困境、问题，了解学生的多元解决方案和思路，并为课堂教学改进提供可靠的证据。

高品质学习单的设计

一、少即是多，问题精简，突出核心

　　学习单的设计要体现"少即是多"的原则，根据本学期、本单元的大概念

和核心问题来设计，而不是细碎问题的累加。每节课上设计的问题不要过多，如果难度不高的话，以2～3个问题为宜，如果难度较高，一节课只要设计1个核心挑战性问题。学生能够对这个核心问题进行深度思考，自主解决，并能够理解这个问题中包含的意义和价值。每一个问题都可以进一步深挖。问题精简，有利于学生思维的充分展开，完整地经历识别问题、分析问题、解决问题、自我反思的全过程，对于学生深度理解问题和解决问题，学会学习是大有裨益的。如何确定最为核心的学习任务，这需要教师对学科本质进行充分的研究，深刻理解知识内容及相互间的关系，同时充分了解学生的原有知识基础、生活经验、学习困难与认知策略等，从而找到两者之间最为恰当的结合点，并将其巧妙地设计成学习任务。此外，学习设计要同时考虑如何将学习方法的指导、学具的研发、学习者之间互动关系的营造、学习过程中新内容的生成与利用等问题，从而让学生们不但对学习内容感兴趣，更能够掌握学习的方法，与他人互动的方式，提升发现问题、解决问题的能力等，从而不断成长为成熟的学习者。

二、开放挑战性的核心问题，引发学生深度学习

要激发学生的学习兴趣和探究欲望，就要设计有趣且有挑战的核心问题，问题的呈现方式与学生日常生活相联系，并直接体现学生可能感兴趣的自然和社会领域中的热点问题。问题的呈现方式最好能引发学生的认知冲突，让学生感受到心智挑战，形成自主探究的内在推动力，而不仅仅是找到唯一的、确定的答案。核心问题的目的是刺激思考、引发探究，并激荡出更多的问题，包含学生细思推敲出来的问题，而非导向既定的答案。它们具有挑战性，而且有衍生性。学生在处理和思考这样的问题时，会逐步揭露与发现一个主题的深度和

丰富性。①

问题的设计要具有比较明显的开放性，学生能够根据自己学习的需求和水平，不断去深化和拓展。这样的问题可以激发学生的深度思考，让学生呈现多元的思考方式和学习成果，也可以给学生充分的学习时间，让每位学生根据自己的步调来学习，不浪费任何层次学生的时间，每一位学生都能充分感受到自主探索与协同合作的乐趣。

三、注重学习方法的指导，考虑到学生个性化需求

在学习单的设计中，要注重学习方法的指导，即教师要指导学生如何完成学习任务，这是学生自主学习过程中必要的脚手架。一般来说，学习方法指导主要包括三方面的内容：一是本学科的自主学习方法，如学生在阅读文本过程中所需要的阅读方法、阅读速度、阅读过程中的圈化与批注等等，这些都是学习语文学科所必备的方法，学生通过这些方法的习得和迁移，可以自学其他的内容；二是协同学习的方法，即如何与其他同学进行交流、分享，在此基础上进行提问、补充、完善，这些都需要教师给予方法的指导；三是深化学习的方法，有些学生一旦完成某一方面的答案就认为已经完成了学习任务，而教师要在设计学习任务的时候就要考虑到学生可能会浅尝辄止，因此要通过有效的提示，让学生进一步去思考和深化原有观点。这些有效的学习方法都应该在学习单上加以标注，学生在理解学习任务的过程中，将学习方法内化，从而真正学会学习，学会合作。

在学习任务设计的过程中，我们还要考虑学生的个性化的需求，让学生多

---

① ［美］杰伊·麦克泰格，格兰特·威金斯.核心问题：开启学生理解之门［M］.侯秋玲，等译.新北：心理出版社股份有限公司，2016：4.

方面的能力都得到锻炼和培养。

　　每位学生都有自己的优势和特色，在学习设计过程中，老师如果能够对学生的学习特点、能力特长做一些前期调研，并结合调研情况来优化设计，让所有学生都有机会以自己最擅长的方式进行学习，学生的学习积极性会进一步提升。教师要以"多元智力理论"为基础，以多元化的学习设计来引领学生走向学习之境，体会学习之趣。

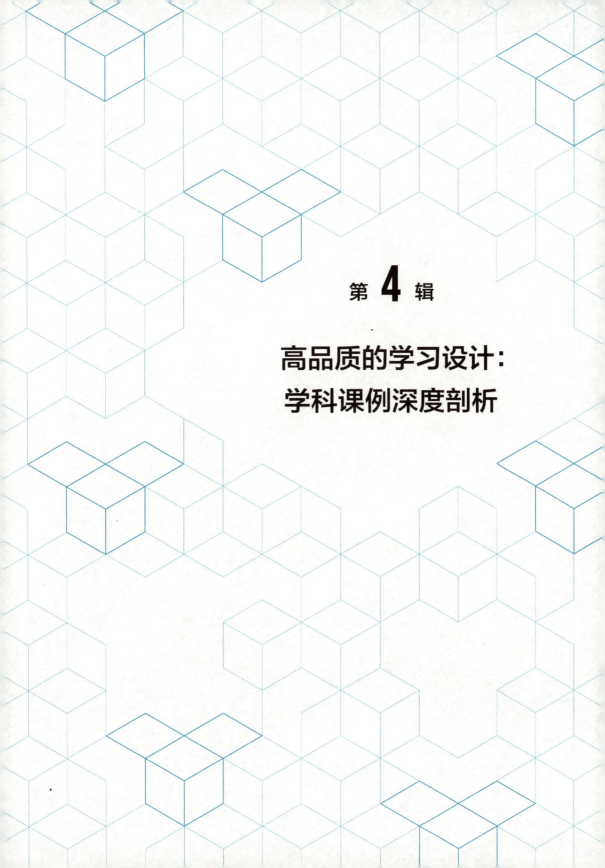

第 **4** 辑

高品质的学习设计：
学科课例深度剖析

如何从课堂观察中学会发现
——课例《雁》

第一章

学习共同体的课例研究与"听评课"有着很大的区别，课堂观察的立场和取向已经发生了转型。"听评课"的方法虽然已经有所改进，但最终并未改变其评价的取向。评价带有强烈的权力主义的倾向，评价者处于优势和强势地位，执教者则成为被评价对象，处于弱势地位，难以形成共同体的关系。

而学习共同体的课堂观察，观察者从对他人的评价取向转向对自我教学实践的回溯和反观，在课后研讨时，课堂观察者并不对执教者进行评价或者提出建议和意见，只是从课堂的真实事件中进行学习和借鉴，并在自我反思的基础上进行自我的教学改进。这个过程中的权力关系是完全平等的，无论是观察者还是执教者都是"以课为例"，对学生学习历程进行剖析和反思，这是促进每一位教师进行教学改进的重要机制。我以初中语文《雁》一课为例，在对学生真实学习历程进行全面观察与描述的基础上，形成自我反思的课例报告，在学生学习的成功或者失败的经验中去学习，重新思考课堂上每一件微小的事，从而反观和改进自己的教学。我在充分观察和研究的基础上，自己上了一次《雁》。佐藤学曾经说："好的教学方法可能有 100 种，如果你认为自己是正确的就到自己的课堂上去尝试。"对此，我的感受越发深刻了。

每一件小事都可能影响学生的心理安全

下午 2:05，我坐到一个小组边上，一边与四位学生攀谈，一边观察学生的个性特征和心理状态。这次我观察的焦点学生是距离我最近的林芯宇（女）同学，芯宇同学的对面是吴昌明同学，左面是常露兮同学，露兮同学的对面是张宇峰同学，座位顺序如下：

表1 座位顺序

	观察者
常露兮（女）	林芯宇（女）
张宇峰（男）	吴昌明（男）

一、四位学生个性鲜明，自然中透出紧张情绪

2:05，林芯宇边上一个位置空着，我坐了过去，我请她写上自己的名字，她很乐意，并帮助其他同伴写了名字。吴昌明同学表情故作轻松，身体微微晃着，眼睛有些发红；张宇峰同学比较拘谨一些，他微胖，看起来比较乖的样子；常露兮比较乖巧，也容易交流。四个都是非常可爱而且个性比较鲜明的学生，我与四个孩子攀谈了一下，其中的三个都是很自然地与我交流，只有距离我最远的宇峰同学略显拘谨。当春雨老师让同学们互相握手的时候，两位女同学互相握手，两位男同学腼腆地相视一笑，并没有握手，学生还是有些不适应和紧张。

二、一个小插曲让一个组陷入困境

2:14—2:18，春雨老师与学生们沟通课堂学习的规则，比如，如何倾听、

如何记录和思考等。我附近的四位同学都听得很认真。其中一个小插曲引起了我的注意。我所观察的这组学生左边的女同学背对老师坐着，春雨老师问"听—记"的目的是什么，可能是因为突然被叫到，她没有心理准备，所以脱口而出"猜"，很多人笑了，我也笑了。我觉得这个学生的回答非常可爱而且很有道理，所以忍不住笑了。但是我注意到这个女孩子表情变得很尴尬，一直用橡皮去擦自己面前的本子，并收集橡皮屑，内心很受打击的样子。有时候，或许我们只是不经意的一句玩笑或者一个动作，完全是无心的，但是学生却很有可能会因此而多思多虑，尤其是处在青春期的孩子，更是非常敏感。我用眼睛余光稍微关注了一下这位女生，她一节课都很难从这种情绪中走出来，也许是受这位女生情绪低落的影响，这个组的四位同学较少主动询问或讨论，一直比较沉闷，课后春雨老师也反映这个组的学习进程是最慢的。一个无心的笑让这位女同学和她的伙伴在上课的准备阶段就陷入了心理困境，而且一直走不出来。这是我之前的观察极少遇到的情况，这也让我对学生的心理安全更加关注。借班上课，执教老师和学生不甚熟悉，学生周围还围坐着很多观察员老师，这会给学生造成很大的心理压力，所以要特别关注每一件细小的事情，对可能使学生产生心理不安全的因素进行充分的预判，在教学的过程中也要始终关注学生的心理变化，这样才能让学生放松身心，真正投入学习。

我的反思是，要改变学生的心理状态，可以从几个方面入手：首先，从物理空间上来看，课桌椅的摆放虽然是四人小组的方式，但是摆放方向不合理的话，一部分学生会背对老师坐着，容易造成沟通交流的不畅，因此桌椅的摆放可以重新安排，让学生都既面向同伴，又能看到老师。其次，从人际关系来看，因为是暑假期间，学生的组织比较困难，这个班是临时组建的，老师与学生、学生与学生之间的熟悉度和默契度还不高，这就需要有更多的时间让每个人相互熟悉，并重新对课堂学习的规则和方法进行共享和共有。再次，观察员要进一步加强培训，加强观察员与学生之间的良性互动，尽可能安抚学生的情绪。

最后，询问学生问题要给予他们充分的思考时间，学生回答问题的过程中，若出现其他学生发笑等情况，可以及时去调整，重申回答问题学生的答案的合理性，这样对回答问题的学生来说，是一种鼓励和保护。

学生多次触摸文本，阅读和思考在曲折地深化

一、第一次触摸文本：阅读速度快、靠语言直觉完成学习任务

2:18 开始上课，春雨老师简单介绍了作者，开始下发文本《雁》。我关注芯宇同学的学习过程，小组中昌明同学没有文本，芯宇同学一直与昌明同学一起注视着老师，她为昌明同学没有拿到文本而着急，直到昌明同学也拿到文本了，芯宇同学才安心读文本。

2:20，她迅速标记了自然段，然后开始阅读。她用了 3 分钟的时间阅读完毕，我和她同步阅读，她比我读得快，但是她在阅读过程中未对文章进行任何标记，没有画线和批注。

2:25，春雨老师下发第一份学习单，学习任务是给《雁》这篇文章补充一个结尾。

第二天一早，当张家的男人和女人推开门时，他们被眼前的景象惊呆了：
_____
_____

芯宇同学没有再看文本，也没有任何迟疑，直接就开始补充结尾，动笔速度极快，中间也没有任何停顿，她写道：那只孤雁绝望地撞墙而死，他知道他的妻子再也飞不起来了，与其这样，还不如一起去天堂来得自由，于是公雁和

母雁含着泪，抱在一起，死去了……

通过这个答案我们可以看到，芯宇同学的语文素养非常高，她只是粗略地读了一遍课文，在几乎没有任何思考的前提下，就写出了这样一个结尾，非常了不起。这个结尾的可贵之处诸多：其一，比较合理，通过对文本的分析，这两只雁都死了的结局是比较合理的；其二，语言运用和上文提供的情境比较一致，比如，她不但运用了孤雁、公雁、母雁等称呼，还采用了"妻子"的称呼，模仿了作者对雁的称谓；其三，不是简单地陈述结果，而是采用了很多细节的描写，还有很多内心戏"绝望地撞墙而死""还不如一起去天堂来得自由""含着泪，抱在一起"等，写出了这两只雁的感情非常深厚；其四，还运用了省略号，一种意犹未尽的意境被衬托出来。

我的思考是：原来很多孩子在课堂上可以回答出那么精彩的答案，并不是我们教的。他们带着自己的已有知识，没有经过思考就得出答案，其实是靠原有的知识储备和语言知觉去回答的，是学生自身所具备的能力，而不是教学的成果。老师的作用不仅仅是让学生表现出他们的现有能力，还要通过一定的设计让学生在原有基础上进行新的挑战，并有所突破，这是学生课堂中的真正生长之所在。

芯宇同学虽然语文素养比较好，但是阅读的基本方法还是有欠缺的，基本上都没有进行圈画和批注，中间也没有任何推敲和犹豫，说明她非常擅长快速阅读，但是不太习惯进行字斟句酌的、深入的分析。如果想解决这个问题，就要对孩子进行阅读方法的指导，比如如何进行圈画，如何进行批注等，在问题设计的过程中也要加入阅读方法的指导，给学生以提示。另外，还要给学生留更多的阅读时间，不要急着抛出问题，要让他们安安静静地反复阅读、咀嚼文本，这样，学生有更充分的时间与文本进行对话，这是对文本进行理解的前提。

二、第二次触摸文本：学生们缺乏深度阅读的方法，需要学习设计去引导

2:28 芯宇同学写完了学习单，又开始阅读文本。虽然她写学习单的过程非常顺利，但是并不代表她没有任何困难，她肯定还是有些没有想通或者不确定的地方，于是又开始阅读文本。在第二次阅读的过程中，她第一次画出文章第3段全文：<u>天空中的雁阵一排排一列列缓缓向南方的天际飞，唯有那只孤雁在天空中盘旋着，久久不愿离去。</u>

2:29，她对第10段、第11段、第21段画线：<u>张家的男人和女人已经商量过了，要把她留下来，当成鹅来养，让她下蛋。有多少人吃过大雁的蛋呢？她下的蛋一定能卖个好价钱……张家的男人和女人在她的伤好前，为了防止她再一次飞起来，剪掉了她翅膀上漂亮而又坚硬的羽毛……张家的男人把鹅群和她赶到自家院子里，空中的那只大雁仍在盘旋着，声音凄厉绝望。</u>在这个过程中，我再次看了一眼昌明同学，他最后一段的补充只写了一句话，而且在反复涂改，但没有继续看文本。

对比芯宇和昌明同学的学习过程，我看到，学生的学习习惯差异是很大的，很多学生将回答完老师的问题作为学习的结束，没有意识到要反复看文本，只是以完成老师布置的任务为目标，只要填写完毕，就不会再去仔细阅读了。于是我想到，在学习设计的过程中，要让学生意识到反复阅读、不断咀嚼文本的重要性，因此问题的呈现要更加细致。可以引导学生进行重复的、深度的阅读，在问题呈现的时候就采用有层次的问法：用自己的步调阅读品味文本，根据初次阅读，根据自己的第一感觉写出一个结局；再次仔细品味文本，说说对文本有哪些新的发现，想想自己原来设定的结局是否合理，并进行修订；同伴之间进行交流，尽可能在文章的字里行间找到依据说服对方。

这对于那些浅尝辄止的学生具有引导和提示作用，让他们不满足于凭借自

己对文本的第一印象来作答，对文本进行多次阅读，而且从文本中找到依据去说服对方。这不仅让学生对文本进行细读，挖掘文本的细节，为捍卫自己的观点尽可能地去找线索，而且学生之间相互质疑、相互提问，必然会带来更深入的思考。

同伴交流：学生通过交流来确认、修订观点，深化学习

一、第一次同伴交流：产生初步的学习成果，学生之间的交流自然发生

第一次同伴交流：芯宇同学与左边的露兮同学交流比较多，两个人答案的相同之处是"两只大雁在一起"，但不同之处是芯宇同学认为两只大雁都死了，而露兮同学认为"两只大雁都活着，互相安慰"，露兮写道：那只在天空中盘旋的大雁，竟然脱离了雁群来到了自己院子和那只漂亮的母雁一起，仿佛是用眼神鼓励和安慰着它。这时候昌明同学几经修改，完善了自己的观点，并主动把学习单给三个伙伴看。从他们的对话来看，他们对结尾的续写没有依据原文，而是自己的主观感受，而且他们对文中的大雁没有太多的感情，还是处在交流答案的阶段。

昌明同学又进行了修改，他原来写的是：天上的大雁，飞到了院子里来陪伴它的妻子。这个视角和露兮同学比较接近。但是后来昌明同学改为：院子里的那只母雁望着自己的丈夫飞走了，无力地躺在院子里，眼中夹杂着泪水，死去了。昌明同学原本给了两只大雁一个完满的结局，只要两只大雁在一起就可以了。后面他并没有再读文本，但通过与同伴交流，设想了更加合理的结局，他隐约感到这是个悲剧，而不应该是大团圆的结局，虽然不能说明其中的理由。昌明同学把自己修改好的学习单给边上的宇峰同学看，然后又主动给两位女同学看，还说："我也写完了。"他很激动、兴奋，很想和伙伴分享。

这里引发了我的思考：当学生的学习和思考不够充分，对自己的想法还不够确信的时候，他们往往不愿意与同伴交流；而当学生真正认真去思考并形成他认为比较满意的答案时，会特别愿意主动去分享他的学习成果。所以给学生更多的时间去思考和完善自己的答案，交流就会自然发生，并不需要我们去督促。学生在认真阅读、与文本进行对话的时候会非常安静，过了一段时间，观点开始形成并逐渐成熟，就出现轻声细语的交流，后面讨论会越来越热烈，这并不需要人为组织，而是自然而然发生的。因为前一个阶段的酝酿累积，学生对文本的理解更深入了，他们的语言组织更完美了，有了更加新颖的观点，就自然产生了交流的愿望。

在对这组四个人的相互交流进行观察的过程中，我也看到了一些性别差异。芯宇和露兮两位女同学在相互交流的时候，不但互相说出了自己设定的结局，而且还相互质疑，并从文章中找依据来支撑自己的观点。而昌明和宇峰两位男生的交流方式则非常简单，昌明主动把自己的学习单递给宇峰，宇峰同学读了一遍没有说话，宇峰让昌明看了一下自己的学习单，两个人相视一笑。学生之间的交流方式有个性化特点，特别是两个男生之间，或许就是互相看看学习单，点点课文上的句子，相视一笑，这也是一种交流，也可能产生一些新的想法。

这时候四个人的对话很有意思，对话的发起者是昌明同学，他用一种极为简单的方式询问文章的结局——"你的（大雁）死了吗？"露兮同学说："没死。"昌明同学指着宇峰同学说："你死了一只（大雁）。"芯宇同学说："我死了两只（大雁）。"昌明说："我死了一只（大雁），死一只总比死两只好吧。"因为每个人所设定的结局都不一样，所以他们开始探讨起来谁的结局是正确的。于是探讨才刚刚开始，芯宇同学就说："母雁的羽毛已经被剪短了，飞不起来了。"露兮同学说："哎，你能不能来点正能量？"芯宇同学继续说："这篇文章是一个悲剧，不是为了表达大雁之间的相互依存……""那是为什么？"露兮同学继续追问。芯宇同学反问道："如果不是死了，那叫声为什么消失了？"露兮同学回答道:"也许因为吓到了。"

这个阶段的探讨如果能够长时间地持续下去,这个文本的很多奥秘就会逐渐解开。在研究的过程中我们发现,矛盾冲突的观点最容易引发学生的探讨兴趣,这种文本本身带来的戏剧冲突的张力引发的不同层次的理解,使人产生冲突、矛盾,想要进一步去揭示和解决,从而缓解矛盾,这是人探究活动重要的原动力。每个人为了解决互相之间的观点差异,就要重新去阅读文本,寻找依据,甚至要形成完整的证据链,才能平息矛盾,这对于深度挖掘文本内容是一个非常好的契机。但是多数课堂上,我们并没有时间让学生自发地完成这种完整的探讨过程。如果时间不充分,这样的探讨就会被打断,学生的思考会被人为中断,这也会在一定程度上形成学生只满足于"交换答案",而不会再去深度阅读文本的问题。

二、第二次讨论阶段:与同伴的探讨,让学生反思与修订自己的观点

2:42,春雨老师让学生修订自己的学习单,芯宇同学继续保留自己的看法——两只大雁都死了,但她对结尾的个别词语进行了微调,她写道:那只孤雁知道他的妻子是再也飞不起来了,与其这样,还不如一起去天堂来得自由,于是公雁和母雁绝望地含着泪,抱在一起撞墙死去了。主要调整的地方是:她把"撞墙死去"从开头调整到文末,这是听取了露兮同学的建议。

露兮同学完全改变了自己的结局,她对芯宇同学的观点很认同,她把结局改为:那只孤雁知道他的妻子是再也飞不起来了,与其这样,还不如一起去天堂来得自由,于是那只孤雁绝望地撞墙而死,于是公雁和母雁含着泪抱在一起,死去了……可以说,露兮同学的回答与芯宇同学的回答几乎完全相同。

露兮同学的依据是:公雁和母雁相互依存,不能分离,所以最后会在一起。张家的男人和女人惊呆了,所以结局一定是情理之中,意料之外的,凄厉哀伤

的呼叫声消失了，可能是他们都死去了，不能再鸣叫了。

从学生对结局的修订，我们可以看到，如果给学生充分的时间去学习和探讨的话，很多问题学生是可以自行解决的，他们会对同伴的观点进行质疑，也会对自己的观点进行反思，如果能够找到足够多的依据，他们就会修改自己的观点。学生之间平等的相互学习，让每一位学生的个性化观点得到倾听，同时也得到组内同学的共同协商，他们会不断深化自己的观点，并逐渐朝着一定的方向前行，即使没有达成共识，也会在协商的过程中有更多的收获。这个过程对于每一位学生来说都是难得的学习机会。因此在这个过程中，老师不但要给足学生研讨的时间，而且要给予学生修改观点的时间和机会。

公共发表：认真倾听、记录和不断返回文本的重要性

一、第一次公共发表：学生以"听"为主，没有记录和质疑

2:43，公共发表时间，有两组学生说出了自己的观点，一组认为，另一只公雁落下来与母雁一起生活了；另一组认为公雁飞走了，母雁绝望了。春雨老师提示学生，下结论要有依据。于是学生们分别从文章中找到了如下依据——"剪掉了她翅膀上漂亮而又坚硬的羽毛"，"她美丽的双眼里蓄满泪水，她悲伤地冲着丈夫哀鸣"，"她试着做飞翔的动作，无论她如何挣扎，最后她都在半空中掉了下来"等等，以说明母雁想要飞翔的梦想是无法实现的。

2:50，一组同学提出，公雁为了保护母雁而死，母雁的眼里失去了光彩，他们深爱着对方，离不开对方，这个故事是像梁山伯与祝英台一样的悲情故事，并找到依据，文中第16段里写"丈夫没有忘记她"，但这里的"凄冷""绝望""孤单"等感情基调都说明了文章的悲剧色彩。

春雨老师提示学生，文中的依据应该有很多，建议他们将零散的证据组成

证据链，回到文章中的细节上去，尽量把证据链串联起来。春雨老师根据学生的观点提炼了三种可能的情况：一是认为两只大雁都死了；二是认为两只大雁双双飞走；三是认为一只飞走，一只留下。

这时候，学生观点之间的交锋更加明显。有学生提出有两种可能性：一种是死去，一种是雁群把母雁带走了。有同学提出：母雁很可能死了，不可能被带走，因为她已经被剪去了硬羽，飞不起来，如果母雁没有死的话，她会继续哀鸣，文中说哀鸣停止了，母雁肯定是死了。有同学提出：那也可能是母雁招公雁下来，两只雁在一起了就不会哀鸣了。又有同学提出：母雁不会招公雁下来，母雁肯定会告诉公雁下面是危险的。也有同学认为大雁不可能像人那么机智，不会有这些复杂的思想。

在同学们各种观点争论不休的时候，芯宇同学一直在听，没有记录，也没有跟着同学回溯文本，仿佛沉浸在不同观点的交锋之中。

3:08，春雨老师再次让同学们回到文本，在文章中找到相应的词语和句子。春雨老师提出一个问题：母雁是怎么死的？有学生提出是"心死了"；有学生提出是人类的嘲笑让母雁难以忍受，从而彻底绝望；也有学生提出母雁在尝试失败、梦想被打碎后，绝望地死去。最后一位同学把前面几位同学的发言串联起来得出结论：母雁从抱有希望到绝望。

3:16，春雨老师呈现了母雁的这个变化过程，说了我们不愿意看到的结局——大雁死了。然后她下发了相关的补充阅读材料，材料分成三部分：大雁习性的介绍、元好问的《雁丘词》《雁与衡阳》。芯宇同学对资料的阅读时间在两分钟左右，基本上没有圈画，她并没有读完全文，应该也不太了解补充材料的用意。关于补充材料，一位同学提出这样的观点：根据资料来看，大雁是一种痴情的动物，它们愿意为了心爱的雁而死去，因此作者可能要体现一种忠贞不渝的爱情。但她对依据说不太清楚。

我对三篇补充材料进行了仔细的分析，这三篇材料分别写到大雁的一夫一妻制的习性，大雁夫妻之间至死不渝以及会为对方守望、牺牲的精神。对于学生阅读来说，这里的困难之处在于：三篇补充资料题材不同，内容衔接不甚清晰，如果没有足够的时间去品读的话，很难发现三篇文章的用意，以及补充材料与原文结尾之间的关系。这就引发了我们对课上补充阅读材料的选择和呈现方式的思考：一是是否需要补充阅读材料？二是补充什么材料，一篇还是多篇，材料之间的逻辑关系如何？三是什么时机去呈现？四是怎样使补充阅读材料与本课的文本之间形成必要的联系？五是如何分配补充阅读材料与核心文本阅读的时间？在确定补充阅读材料的过程中，这五个问题都要去设想和回答，这样才能使补充阅读材料的应用恰到好处。

二、第二次公共发表：学生对文本主题的认知在深化

3:20，春雨老师提出第二个核心问题：这篇文本中悲剧性的结局，给我们怎样的思考？

经过学生们前面对文本的分析，在总结中心主题的阶段，学生们能够迅速找到主题。

有的学生就提到，本文是对人类残忍的一种讽刺，既是对大雁爱情忠贞的赞美，也是对现实社会人类丑恶的批判；有学生提出，人类从自己的利益出发去破坏生态，而动物却如此深情，是对人类冷酷无情的批判。

我所观察的芯宇同学，她在学习单上写出的观点是"本文体现了大雁之间忠贞不渝的爱情"。当其他同学发言的时候，芯宇同学并没有记录，也没有动作和表情的变化。但当春雨老师让她来回答的时候，她说："本文体现了大雁之间忠贞不渝的爱情，同时也批判了人类的自私自利，而且将大雁的忠贞与人类的自私进行了对比。"这是芯宇同学第一次当众回答问题，她没有举过手，但其实她对文本的理解还是很深刻的。而且她在认真倾听其他同学的发言，所以在

头脑中已经对自己的观点进行了补充和修订，并在回答问题的时候补充了关于"人类自私自利"的观点。

在对芯宇同学的观察中，我有两个启发：一是如何让更多学生的观点在公共发表阶段得到体现，二是倾听他人的观点对于学生的重要性。我所观察的芯宇同学对文本的理解非常透彻，但因为从未主动举手，所以一直没有得到回答问题的机会。这让我想到只提问举手同学的方法是有缺陷的，应该建立公平的发言机制，这样没有勇气举手的学生也能得到公平的表达机会，那么就更有可能出现学生"奇趣"的发言。每一位学生把自己的观点写在学习单上，如果老师在课后对学生的学习单进行仔细分析，也会发现学生独特的学习成果。芯宇同学有认真倾听他人的习惯，倾听的过程也是不断品鉴、权衡的过程，当她听到同伴有价值的观点，就会自觉整合到自己的结论中去，我们就能看到她的思考在不断完善的痕迹。她从只看到"忠贞的爱情"到认识到"人类的自私"这个过程无疑就是她真正学习的发生。这个阶段如果有时间让学生进行记录和修改，学生的思考会更加深入。

总结提升：提出新线索意犹未尽，新结局设定突出了情感共鸣

3:28，春雨老师进行了总结，点出了本文中人与动物的关联之处和不合理之处，例如大雁用丈夫和妻子的称呼，人则是张家的男人和女人，以及对人类的无情、冷酷、自私的批判和抨击等。春雨老师又指出文章中一些词语是有深刻的含义的，比如"天空"代表了什么？春雨老师没有给出答案，而是留给学生去思考……

最后，春雨老师再次让同学们写文章的结尾，我本来认为芯宇同学会坚持自己的结尾，因为她从最开始对结局的设定就是很合理的，而且文本分析下来

也确实证明她的结尾无误。与第一次写结尾时不假思索、一气呵成相比,这一次她犹豫不决,思考了很长时间,因为受到春雨老师"天空"的提醒,她写道:<u>母雁向往自由,向往蓝天,她哀求雁群带她走,孤雁找到了雁群,他们齐心协力,一起拉着母雁飞走了。</u>她写完了,却还在犹豫不决。

这时露兮同学过来看芯宇同学的新结局,看到这个结局,非常不解,她问:"母雁怎么会被拉走了呢?""因为雁群帮助她了……"芯宇同学说。下课了,我对芯宇同学说:"你现在构思的结尾和原来完全不一样呢。"她说:"是的。"我问她:"春雨老师没有告诉你们最后的结局,你是不是觉得很遗憾?"芯宇同学说:"其实老师已经暗示我们结局了,两只雁都死了。"我又问:"既然是两只雁都死了,为什么你说母雁被雁群拉走了?"她说:"公雁和母雁太可怜了,我把他们两个都写死了很难过,我希望给他们一个比较圆满的结局……"这个回答令我倍感意外,原来芯宇同学对课上探讨的内容完全懂了,而且她也知道自己原来的答案是合理的,可以说,她在上课伊始就达到了基本的认知目标。但令人欣慰的是,经过这么多的分析以后,芯宇同学对大雁的情感发生了深刻的变化,她从客观分析文本,对大雁没有情感寄托,到她开始同情大雁,对大雁充满了情感的共鸣,她认为这样好的大雁,不能这样白白死去。她对大雁情感的升华更加说明她对文本的"懂得",这种情感上的贯通和共鸣,进入了文本鉴赏新的层面。而且她明明知道正确答案,还是改掉了原本"正确"的答案,只为给这样忠贞不屈的大雁一个圆满的归宿。昌明同学也改掉了自己的答案,他原来认为公雁飞走了,母雁绝望地死去。这次他写道:<u>两只大雁望着天空安静地死去,似乎在天空中又看见两只大雁自由地飞翔。</u>那个纠结"死一只还是死两只比较合理"的少年,也写下了这样充满深情的句子,他的头脑中也出现了一幅凄美的画面吧。

原来学生们对文本的理解可以表现在很多方面,可以表现在他们对文本中的字词细节挖掘地更深,他们能够更完整、深入地表达自己对文本的理解,他们对文章主旨的把握更加全面、深刻；也可以表现在他们对文章中描绘的意象越来越具有审美的评鉴，他们对文章中所刻画的人物形象越来越饱含情感，或者他们越来越确信地提出自己不同的鉴赏标准和方法。这些都是学生真正在学习的体现！一节 70 分钟的课，竟然可以有这么多的发现。认真细致的课堂观察，不断对观察的内容进行反刍和思考，就可以从中获得意想不到的惊喜，这些都将成为教学改进的重要线索。"一切答案都在教育的现场"，答案就隐含在每个人对教育现场的深刻剖析和解读之中！

附录：

《雁》学习单（课例版）

1. 请给小说补个结尾。
   提示：时间 3 分钟，独立完成。
   _____
   _____
   _____

2. 与同伴交流，说明补充的依据，然后确定一个同伴认可的结尾进行集体交流。
   提示：两两交流，5 分钟内完成交流和文字整理，然后全班交流。

   我和我的同伴_____（姓名）共同认为结尾应该是：
   _____
   _____
   _____

   我们的依据是：
   _____
   _____
   _____

3. 作者通过两只大雁自杀的结局表达怎样的思想？
   提示：独立思考 3 分钟，将你的见解写下来，然后与同伴交流。先两两交流，有必要的话可以与身旁的同伴一起交流。10 分钟后全班交流。

我的理解是:

_____
_____

我和我的同伴 _____ (姓名)共同认为:

_____
_____

我们的依据是:

_____
_____
_____

《雁》学习单（改进版）

1.学习规则与方法：

（1）调整座位，与自己的好朋友坐在一起，以自己最舒适的方式坐好，与同伴握手，轻声细语地交流，用 A4 纸和彩笔为自己写一个清晰的名牌，立在桌子上。

（2）认真阅读和思考，遇到不懂的地方，请随时向同伴或老师询问或提问，会提问的人最会学习。

（3）当同伴发表观点时，转向同伴，认真倾听，不插话，用心思考，对重要的观点加以记录和补批，当对方表达完毕，再有礼貌地进行回应或者质疑。

（4）疑难问题四人研讨，轻声细语，每个人轮流发言，既不独享话语权，也不要沉默不语，同伴在阐述观点的时候，认真倾听、用心思考、随时记录。

（5）公共发表阶段，发言的伙伴尽量面向所有人，结合文章的具体内容清晰地表达自己的观点，倾听的伙伴尽量转向发言的伙伴，耐心倾听、用心体会，随时用不同颜色的笔进行补批，伙伴发言完毕后，随时可以举手发表自己的看法或者提问。

2. 以自己的步调反复、轻声品读本文，标记自然段，对文本的重点内容进行圈画和批注，并给小说加一个结尾，在文章的字里行间找到尽可能多的依据，写好学习单后，自觉与同伴交流，并尽可能说服同伴（时间 12 分钟）。

我设想的结尾：

_____

_____

_____

我的依据（在原文中圈画标注）：

修订（听了同伴的观点有哪些新想法）：

3. 在读文章《雁》的过程中，很多人觉得文章中的表述有些不合常理的地方，你是否有所发现？是否可以体会作者这样写的深意？写好学习单后，自觉与同伴交换意见，并在文中找到更多的依据来说服同伴。（时间 10 分钟）

我发现本文中不合常理的地方（可在文中标识出来）及其深意：

听了同伴的发言，我的新思考：

如何通过彼此倾听
深化儿童对文本的理解
——《月光曲》观察笔记

第二章

学生对文本的理解是如何展开和深入的？学生是否具备解读文本的能力？他们是否能够通过彼此倾听、交流达到对文本的深度理解？这是很多语文老师存在的疑问，也是我们语文课堂观察和分析的重点内容。我们所采用的观察方法是"焦点学生完整学习历程观察与关键事件分析法"，即选择一两位学生作为课堂观察的焦点，将焦点学生的所有学习过程进行细致的观察，收集学生学习的完整证据链，并对学生学习过程中的关键事件进行分析，从而找到学生学习效果的充分证据，以此作为课堂研究和改进的证据支撑。下面以陈冬梅老师的《月光曲》（沪教版五年级上册）一课为例，以一组学生为主要观察对象，通过焦点学生完整学习历程的观察与关键事件分析，来研究学生自身对文字的领悟力和鉴赏力，以及学生之间通过彼此倾听，不断深化对文本的理解过程，从而对语文教学的核心问题进行新的反思与发现。

观察学生学习历程，撷取其中关键事件

一、互相倾听，同桌交流聚焦在兄妹俩的"穷困"上

上课之初，冬梅老师声音放低、放慢，语言凝练，她说："作曲家贝多芬一

生谱写了很多著名的曲子，其中一首是《月光曲》，你们想知道《月光曲》是怎样谱写而成的吗？今天我们一起来学习第 40 课《月光曲》。"然后，冬梅老师让学生们浏览课文，看看哪些段落写了《月光曲》的谱写过程。学生们很快就找到了 2—10 段，于是老师让孩子们阅读 2—10 段，并提出了一个问题："是什么打动了贝多芬谱写了《月光曲》？在文中圈画重点词句，在字里行间找到依据。"

于是学生们开始默默地读课文，并习惯性地用尺子在文中画出重点的词句。我观察的是两个小男孩，离我最近的是一个胖胖的、眼睛大大的小男孩，名字叫浩然。浩然的同桌是一个眼睛深邃的小男孩，看上去有些腼腆，看到我在观察他们，脸上露出一点难为情的样子，他的名字叫佳辰。浩然同学和佳辰同学就是我本节课观察的焦点学生，两位学生的一举一动我都要进行观察和信息收集，并撷取其中的关键事件进行分析和研究。

表 1　学生座位表

观察者	
浩然（男）	佳辰（男）
向轩（男）	慧琳（女）

浩然同学把目光焦点都放在第三段，并且用直尺把以下句子都画了出来：

一个姑娘说："这首曲子多难弹啊！我只听别人弹过几遍，总是记不住该怎样弹。要是能听一听贝多芬自己是怎样弹的，那有多好啊！"一个男的说："是啊，可是音乐会的入场券太贵了，咱们又太穷。"

然后他反复思考，看样子对这一段很感兴趣，他初步判断这一段与老师提出的问题是有关联的，但是他还没有想清楚到底应该怎样用这段的内容去回答老师的问题。

老师让同桌交流的时候，浩然同学和佳辰同学互相对望了一下，佳辰同学说："我圈画的是'断断续续'，因为她没有听过贝多芬弹过这首曲子，所以弹得断断续续……你画哪里了？"他们互相微笑着看着对方，浩然同学把书向佳辰同学那边推了一下，然后他们把对方圈画的部分圈画在自己的书上。

浩然同学指着自己的书说："我画的这句。"佳辰同学说："这说明什么？"浩然同学回答："这说明这个票很贵，他们又很穷，这是一个鲜明的对比。前文说了，这个姑娘只听别人弹过几遍。她想要亲自听听贝多芬是怎样弹的，那该有多好。"浩然同学觉得自己说的有道理，但好像还没说太清楚，于是一边腼腆地笑着，一边不太连贯地说着："然后呢……这里说入场券太贵了，他们买不起……"浩然同学不知道怎样继续说下去，转头看佳辰同学，佳辰同学也不好意思地笑了。然后浩然同学问佳辰同学："你说呢？你怎么看？"佳辰同学说："是的，他们很穷，入场券很贵，可是他们也很想去听。"佳辰同学又说："然后我还圈了'茅屋里点着一支蜡烛'。只点了'一支'，说明他们很穷。如果平常要用蜡烛来照亮的话……"浩然同学接着说："那需要用很多支（蜡烛）。"于是他们将刚才讨论的这些观点都写在书上。

二、四人交流，伙伴互相提问让问题越来越清晰

此时，老师让四人交流一下。前排一男一女两个孩子转过来，他们分别叫向轩和慧琳。向轩先发问："'断断续续'说明什么？"浩然同学和佳辰同学说："'断断续续'我们已经画了。"佳辰同学说："'断断续续'说明她没有亲自听过贝多芬弹这首曲子，所以不知道该怎样弹。"浩然同学补充道："她眼睛又盲，看不到琴谱呀。"向轩同学说："可是贝多芬在路上散步，他应该不知道呀。"浩然同学纠正说："这里说走进茅屋呀，你仔细看看。"向轩同学说："文章说从茅屋里传出来，并没有说他进去呀。"浩然同学和慧琳同学都说："可是后文说贝多芬进去了呀。"

佳辰同学又把浩然同学画的那一句读了一遍："一个姑娘说：'这首曲子多难

弹啊！我只听别人弹过几遍，总是记不住该怎样弹。要是能听一听贝多芬自己是怎样弹的，那有多好啊！'"向轩同学说："是啊，可是音乐会的入场券太贵了，咱们买不起啊！'"佳辰同学说："这两个句子之间形成了鲜明的对比。"这是佳辰同学从浩然同学那里听到的。其他三位同学都认为有道理，都画出了这两句话，并写上"鲜明对比"。

慧琳同学说："我一开始也画了这里，可说明什么呢？"浩然同学回答："说明他们很穷。"慧琳同学又问："可是很穷和两只眼睛瞎了有什么关系呢？"浩然同学也问："对呀，有什么关系？"佳辰同学不知道怎么回答。向轩同学说："最前面这一段是她（盲姑娘）弹的。"浩然同学补充道："对呀，不是贝多芬弹的。"向轩同学说："这个段落是联系上下文的。"浩然同学说："怎么联系的呀？"一旁一直在沉默的佳辰同学说："啊，我知道了，这说明她热爱音乐，她眼睛失明了，还在弹钢琴。"然后，慧琳同学和佳辰同学都"啊"了一下，慧琳同学说："啊，她非常想要弹得和贝多芬一样……"佳辰同学也说："她非常喜欢贝多芬。"

他们终于找到了一个比较充分的理由，有点激动。浩然同学轻轻地敲着桌子，表达自己的喜悦。佳辰同学笑着说："别敲桌子。"浩然同学又重复道："她肯定是喜欢贝多芬，要不然她怎么会弹贝多芬的曲子呢？"慧琳同学补充道："她非常喜欢贝多芬，并且想和贝多芬弹得一样。"她把自己的观点与浩然同学的观点结合起来。向轩同学说："这要写下来。"浩然同学说："那我也写上。"四个人都把这一段讨论标记在书上了。他们都沉浸在自己的发现之中，安静地把他们共同的发现写在书的空白处。浩然同学写得很用力，自动铅笔的铅都被写断了，于是他趁着讨论的间隙，换了一支笔芯。

接下来，慧琳同学又说："我想圈这句'窗前有架旧钢琴'。"浩然同学也圈出了这句话，口中念念有词："嗯，旧钢琴……"慧琳同学说："这是架破旧的钢琴。"这时候时间到了，老师说："讨论好了吗？"浩然同学还不想结束，但前排的慧琳同学和向轩同学转回去了。浩然同学高兴地说了一句："我们四个几乎都有结论了。"

三、公共发表，孩子视角不同、相互补充，直指核心

文锋同学说："'入场券太贵了，咱们又太穷'，我画的是'咱们又太穷'。文中说，这个姑娘眼睛失明了，她没有想着把自己的眼睛治好，还想存钱买音乐会的入场券。"冬梅老师问："穷说明什么？"文锋同学回答道："她非常渴望听一次贝多芬弹的钢琴曲。"冬梅老师说："嗯，虽然穷，但是很渴望。"

然后，我这个组的向轩同学高举起了手，他说："我画的是'贝多芬听到这里，推开门，轻轻地走了进去。茅屋里点着一支蜡烛。在微弱的烛光下，男的正在做皮鞋。窗前有架旧钢琴，前面坐着一个十六七岁的姑娘，脸很清秀，可是眼睛失明了。'这里说眼睛失明了，她还要买入场券，还想弹得和贝多芬一模一样，这说明她（盲姑娘）很热爱弹钢琴。"向轩同学把他刚刚听到的小组的发言总结似的都说了出来，而且加上了自己的理解——"说明她（盲姑娘）很热爱弹钢琴"。

佳宜同学接着说："她虽然眼睛失明了，但是非常热爱音乐。"冬梅老师说："眼睛失明了说明什么？"有学生回答："眼睛失明了，看不到琴键，但是她却依然在弹琴。"

惠惠同学说："我请大家看第二段：'一天夜晚，他在幽静的小路上散步，听到断断续续的钢琴声从一所茅屋里传出来，弹的正是他的曲子。'我画的是'断断续续'和'正是他的曲子'。这说明，这个人不怎么会弹，但是很喜欢贝多芬的曲子。"旭芳同学补充道："'断断续续'说明虽然她弹得不好，但却一直在弹这首曲子。"冬梅老师一边点头一边将其补充在海报纸上，女孩子与自己的同桌对视一下，会心一笑。

志群同学语速极快地说："请大家看第四段：'窗前有架旧钢琴，前面坐着一个十六七岁的姑娘，脸很清秀，可是眼睛失明了。'我圈的是'眼睛失明了'。

前文第二段还说'一天夜晚,他在幽静的小路上散步,听到断断续续的钢琴声从一所茅屋里传出来,弹的正是他的曲子'。这说明这个姑娘虽然眼睛失明了,而且弹奏得不太熟练,但是她坚持不懈。这可以说明她对音乐的热爱。"冬梅老师说:"很好,联系上下文。"志群同学对自己的回答很满意,坐下来的时候微微笑着。

慧敏同学说:"请大家看第三段。我圈的是'随便说说',这说明姑娘非常想听贝多芬弹奏这首曲子,可是他们家又太穷,所以哥哥觉得自己很不争气,妹妹就安慰哥哥说自己只不过是'随便说说'罢了。"冬梅老师说:"其实她是不是'随便说说'?"学生们都说:"不是。"冬梅老师说:"她为什么这样说呢?"有学生说:"为了安慰哥哥。"大家又有了新的发现,于是举手要发言的人多了起来。

方研同学也有同感,他说:"虽然妹妹非常想要听贝多芬亲自弹曲子,但是她知道哥哥没有钱买入场券。所以她情愿自己不买很贵的入场券,也要安慰哥哥。"佳慧同学说:"我圈的是'眼睛失明'了,她眼睛不好,还在很努力很用心地弹琴,说明她对音乐很热爱。"

若琳同学说:"虽然她看不见,但是还是坚持了下来,贝多芬被女孩坚强的毅力打动了。"春旭同学又说:"他只弹了一支曲子,盲姑娘就听出了是贝多芬,这说明她特别热爱音乐,特别喜爱贝多芬,所以才对他如此熟悉。她听出是贝多芬简直不敢相信,她认为贝多芬是很著名的音乐家,想不到贝多芬会来给她弹一首曲子。"嘉林同学补充道:"贝多芬觉得他们太穷了,所以不但弹奏了原来她弹的曲子,而且还弹了一支新曲子,想让这两个人先听到。"学生们将在文中发现的各种文字细节串联起来,并共同指向一个核心:盲姑娘对音乐的热爱。

看到学生们对第三段如此感兴趣,冬梅老师请学生同桌分角色朗读第三段。一听说要分角色朗读,浩然同学和佳辰同学又相视一笑,他们小声讨论着分工,佳辰同学说:"我当妹妹。"浩然同学说:"我来当哥哥,我比你大。"因为佳辰同学读的是妹妹的角色,而两个人都是男孩子,所以佳辰同学有点儿不好意思,一边读，一边小声笑着。

四、跟着音乐诵读《月光曲》，情景交融，意味悠长

见学生们都读完了，冬梅老师总结道："从这里可以看出他们喜欢音乐、喜欢贝多芬，兄妹之间感情深厚。"然后，冬梅老师让大家重新看文本，深入阅读文本，再次分析课文。一阵安静地默读之后，学生们对文本的分析又开始了。

树泽同学说："'姑娘连忙让座'，'连忙'说明姑娘很快就让座了，听到有人要给她弹曲子，她马上让座，说明姑娘对音乐的渴望。"同桌安琪同学补充道："我圈画的也是'连忙'，因为姑娘想这个人一定很会弹曲子，否则不会来给她弹，这说明盲姑娘确实很想听。"

冬梅老师说："这个人弹得怎么样呢？"有的学生说："盲姑娘听得入了神，一曲完，她激动地说：'弹得多纯熟啊！感情多深哪！您，您就是贝多芬先生吧？'"有的学生提出："我圈画的是两个'！'，说明姑娘太激动了，终于听到贝多芬弹奏的曲子了。"有的学生说道："兄妹俩被美妙的琴声陶醉了。"学生们很快找到了描写贝多芬美妙的演奏，以及兄妹俩如痴如醉的文字来。

冬梅老师见状，把文中描写月光的一段拿出来，轻声地读起来："一阵风把蜡烛吹灭了。月光从窗子照进来，茅屋里的一切好像都披上了银纱。贝多芬望了望站在他身旁的兄妹俩，借着清幽的月光，按起琴键来。"读完，冬梅老师问："贝多芬的琴弹得很美，周围的环境美不美？还有什么是美的？"学生们说"茅屋""兄妹俩""钢琴""月光"……冬梅老师说："月色下，茅屋里的一切都那么美，这些都是贝多芬的创作灵感。那么大家想不想亲耳听听贝多芬的《月光曲》呢？请大家闭上眼睛用心去听。"《月光曲》轻柔舒缓的曲调飘过来，浩然同学和佳辰同学都闭着眼睛，看样子很是陶醉。《月光曲》的音乐片段播放结束，他们才缓缓睁开眼睛。

冬梅老师说："大家看到了怎样的景象？"有的学生说"旋律很美""看到大海""听到了水面的变化"，学生们虽然是第一次听《月光曲》，但是无疑音乐是最能与人的心灵相通的，无需语言，有时候也是语言难以描绘的。冬梅老师让大家和着音乐，同桌两个人一起来读一遍兄妹俩听音乐时看到的景象：

"皮鞋匠静静地听着。他好像面对着大海，月亮正从水天相接的地方升起来。微波粼粼的海面上，霎时间洒满了银光。月亮越升越高，穿过一缕一缕轻纱似的微云。忽然，海面上刮起了大风，卷起了巨浪。被月光照得雪亮的浪花，一个连一个朝着岸边涌过来……皮鞋匠看看妹妹，月光正照在她那恬静的脸上，照着她睁得大大的眼睛。她仿佛也看到了，看到了她从来没有看到过的景象，月光照耀下的波涛汹涌的大海。"

浩然同学和佳辰同学读得很投入，读好了以后，浩然同学举手想读给大家听，同桌佳辰同学没有举手，浩然同学说："来呀，举手。"于是两个人相视一笑，一起举了手。佳辰同学先开始读了，浩然同学也跟上来，两人读得非常默契、连贯，而且富有感情。读完，两个人又一次相视而笑。两人读得感情极为充沛，一旁做观察员的老师们不禁为他们的朗读鼓掌。其他同学也读得非常好。冬梅老师给大家留了一个作业：两兄妹听完了曲子会说些什么？课结束了，贝多芬的《月光曲》依然在教室里回荡……

对学生学习的关键事件的分析所获得的新发现

一、学生之间"心心相印"才会互相学习

走进课堂，我被冬梅老师营造的美好的学习情境吸引，为学生们的学习过程所感动，感动于学生认识到人间的真情，体察文中兄妹的疾苦；也感动于学生们对文字细节的领悟能力，他们能够品味语言中非常精妙且不易察觉的部分，

并从中读出深意;还感动于孩子之间相视一笑,耐心倾听又互相提携的默契,他们眼中的同伴是美好的、聪慧的,值得学习的,这样一种"惺惺相惜"的感觉,让人不禁柔软下来,学生之间的"心心相印"令人动容。

　　课后,我与老师们一起观看我拍摄的教学录像,把浩然和佳辰这一组同学的故事讲给大家听,很多老师包括冬梅老师在内,都感到惊奇,因为在老师们的印象里,浩然同学并不是一个很优秀的学生,学习成绩很一般,有的时候甚至被认为是学困生。但是课上浩然同学的表现真的非常不同。如果不是用录像记录下来这些瞬间,大家真的不敢相信平时这个不起眼的浩然同学,在课堂上是如此投入,学习能力这么强,而且与同伴合作特别默契。冬梅老师说佳辰同学的成绩是相对比较好的,但没想到浩然和佳辰坐在一起,根本不是佳辰在教浩然,而是两个人不分伯仲,互相学习。我做观察员以来发现了很多有趣的现象,其中一个现象就是我们平时有关学优生、中等生或者学困生的看法是比较武断的,在真实的课堂上,如果能够平等对待学生,学生的学情总是在发生动态的变化,而不是一成不变的。有时候上一分钟和下一分钟,学生都会发生很大的改变,而我们确实不知道"逆转"发生在什么时候。所以,对所有的学生都保持开放性和平等性是至关重要的,要给予每一个孩子成长和"逆袭"的机会。

二、孩子对文字和人性的敏感令人惊叹

　　在讨论和公共发表的过程中,我们可以看到学生对文中的每一个细节都进行了诠释,不但是文字,甚至连标点符号都注意到了。他们从"断断续续的钢琴声""随便说说""连忙让座""点着一支蜡烛"等细节,看到了兄妹俩虽然贫穷,没有条件去追求钢琴这门高雅而昂贵的艺术,但是却尽自己所能去热爱音乐和艺术。他们能够用心去体会兄妹俩的不容易,也能看到贝多芬与两兄妹互为知己、互相体谅和扶持的情感。学生们通过倾听伙伴的发言,又获得新的认

识。当有人提出一种观点的时候，还会有伙伴对这些观点进行补充；在一个孩子没有作声的时候，其他伙伴会询问他的观点；当有人阐释还不太清晰的时候，同伴会进行补充提问："怎样联系上下文？""'贫穷'与老师的提问有什么关系呢？"等等，引发伙伴新的思考。于是会有"啊，懂了！"那一个个令人激动不已的瞬间，学生们通过自己和伙伴的力量获得了满意的答案，在学习中体会到了醍醐灌顶的酣畅之感，对他们来说，自己想到的答案才是最好的答案。

三、对文本的充分理解和引领朗读

朗读是小学阶段比较重要的能力，老师们也比较重视朗读指导。很多老师会在每一篇课文精妙之处，进行特意的朗读指导，让学生们充分体会文中的情感，即便如此，很多学生还是不得法，很难"有感情地朗读"。而今天的课上，冬梅老师并没有进行朗读指导的训练，在最后一部分贝多芬演奏的过程中，兄妹俩看到的画面这一段，学生们的朗读情感饱满、投入，让在座的观察员老师们感到震撼，特别是平时都不太会朗读的男同学竟然也读得非常好。

朗读本身是体会和理解文本内容与思想的重要方式，朗读和文本理解之间是相辅相成的关系。本篇课文中冬梅老师在前半部分基本都是采用小声默读的方式，让学生们一遍遍体会文本，体会兄妹俩对音乐执着的爱，体会贝多芬与兄妹俩的情感，正是因为学生们对文本的理解透彻深刻，他们对兄妹俩和贝多芬以及贝多芬创作的《月光曲》才有着深刻的情感共鸣，所以才会把情感投入朗读当中去。特别是冬梅老师还设计了闭目聆听《月光曲》的环节，在孩子们朗读的时候，依然有《月光曲》相伴随——诗一样的语言、美妙悠扬的《月光曲》、如水的月色、贝多芬和兄妹俩如月亮一样皎洁明亮的内心世界，无不在打动着这些学生的内心。

他们在聆听《月光曲》的时候，或眯着眼睛，或闭着眼睛，还有人用手蒙住眼睛，他们已经进入了那个月色如水的美妙境界，那里的景致、音乐、人与人之间的温情足以打动每一个人，有感情地朗读成了自然而然的事情，从内心流淌出来的东西才具有真正的感染力。艺术真正的来源是人心，是人对真善美的渴望。我在听他们朗读的时候被深深地打动了，我的眼泪快要落下来了，因为我知道这就是学生自己的探索，这就是他们深入到文本的成果，这就是他们不知不觉中进入兄妹俩的世界中，他们的同情心被激发，对美的感受，对音乐的感受全被激发，这不正是我们想要的吗？

四、安静的积淀可以激发内心的潜能

为什么学生能从最开始安静的状态，最终到达一个情感的爆发状态？这就是长时间力量的积淀。学习共同体的课就是这样，长时间安静地积淀、柔软地交流，然后渐入佳境。孩子的头脑运转越来越快，他们对文本的理解越来越深入，同伴的观点也被越来越好地吸收，在最后达到了高峰体验。语文课不只是字词句篇的学习，更是直指人心，这才是语文最本质的东西。在课堂观察的过程中，坐在孩子的旁边，观察者与孩子同呼吸共命运，被孩子打动，跟他们一起高兴、一起激动、一起悲伤、一起学习，这个过程非常迷人，让人禁不住被吸引。

五、给孩子充分的思考和交流的时间

冬梅老师这节课上话语凝练、精当，几乎把所有的时间都用在让孩子去学习和思考上去。她只设计了一个主问题"贝多芬创作《月光曲》的灵感来源"，这个课题可以说是贯穿全文，细节相当多，所以很适合作为挑战性问题。学生就某一个方面进行回答后，冬梅老师还让学生们就这个问题不断地进行补充，丝毫没有焦虑和催促之感，这样才能形成宁静、平和的氛围。冬梅老师没有将自己的现成结论给学生，而是在不断地倾听和串联，让学生们把自己对文本解读的力量都发挥出来，我们看到冬梅老师的努力是非常成功的。另外，对于重要问题，冬梅老师不但采用同桌两人的交流，四人的讨论，还有全班的发表，我们看到对于这个核心问题来说，每一个环节都非常重要，这次冬梅老师把重点放在公共发表环节，根据我在组内的观察，我这组的四人研讨非常有效，他们互相质疑、互相提醒，自行解决了很重要的问题。如果再给四人小组更多的讨论时间的话，学生们可能会有更多精彩的发现，一旦进入四人讨论就要给予更多的时间保障，否则难以收到预想的效果。与公共发表相比，四人讨论给孩子们更多的话语权，可以让他们同时发声，给更多的孩子言说的机会。这也是在保障孩子的学习权，让更多不同的观点交融和触碰，才是真正的课堂交响乐。

六、无论是否举手都给孩子发表的机会

课堂上，老师们常常请举手的学生回答问题。这样做的好处是，保证老师可以提问到"会"的同学，而避免提问"不会"的同学，保证课堂顺利进行。那么造成的问题是"会"的同学得到越来越多的机会，"不会"的同学一直默不作声，无法判断这些孩子是否真正理解或者掌握了内容。而且随着年级的不断升高，举手回答问题的学生越来越少，老师们只能在几个仅存的举手的同学中挑来挑去，其他学生到底怎样就不得而知了。在冬梅老师的课堂上，每一个人都有机会将自己的观点表达出来，即便不是公共发表，也可以通过同桌或者其他同伴的倾听来表达自己的看法，所有的学生都得到了表达机会，也有机会倾听他人的不同观点，这对学生来说是学习、成长的重要时机。而在公共发表的过程中，老师也不应该只找举手的同学，而应该给每个组、每一个人以平等的机会。组内的发言机会、组与组之间的发言机会应该有机制的保障，这样才能使所有学生都得到平等的学习权。

附录：

《月光曲》学习单

1. 阅读《月光曲》2—10 段，回答"是什么打动了贝多芬谱写了《月光曲》？在文中圈画重点词句，在字里行间找到依据。"先独立阅读，再两人讨论、四人讨论，并公共发表。

贝多芬被打动的原因是：
_____
_____
_____

我的依据是：
_____
_____
_____
_____

经过倾听，我的新观点是：
_____
_____
_____

2. 聆听《月光曲》的音乐，想象音乐中的画面；伴随音乐朗读第九自然段，体会其中的音乐、景物与情感。

细心编织，化茧成蝶
——我从陈佳老师的课堂上学到的

第三章

在陈佳老师《小毛虫》的课堂上，我感受到了一种柔和、悠然的气息，作为观察员，我跟随着陈佳老师的节奏，慢慢沉浸，跟着孩子朗读，跟着孩子轻声地交流，跟着音乐闭着眼睛想象，笨拙、缓慢的小毛虫，用心编织茧床，并最终化茧成蝶。

精巧的学习单设计，让学生留下真实的学习痕迹

刚进入教室，就看到陈佳老师已经把学习单发给了小朋友们，上面有姓名、班级和学号，明确两项学习任务："看一看，写一写"留了两个田字格，"想一想，填一填"——"当小毛虫变成美丽的蝴蝶时……"还画了一只彩色的小蝴蝶，我说："这个学习单设计得好精巧呀！"陈佳老师说："是芮莹老师帮我设计的。"从这个学习单上，我们可以清晰地看到陈佳老师的教学目标：掌握重点的字词，让孩子深入体会小毛虫以及其他昆虫内心世界的变化，并能够用自己的语言复述出来。

这两项学习任务，一项是基础知识层面，一项是冲刺挑战层面，非常清晰。两项任务设计都花了心思，为了规范学生的书写，陈佳老师特意设计了田字格。

第二道问题设计也非常精巧，为了防止学生不知道如何回答，陈佳老师设计了半开放性的题目，学生可以根据陈老师的提示作答，更加得心应手。

课上和课后，我观察、拍摄了我旁边的四位小朋友，他们都非常爱惜地使用这个学习单，写字也格外用心，四个小朋友的填写都非常认真，字迹清晰，语言流畅、丰富，其中陈怡芸同学比较内向，羞于表达，但是从学习单可以看出她是那么得认真、仔细，每一个字都工工整整，精雕细琢。他们对待这份学习单的用心，让我非常感动，也让我知道了老师的用心之处，必然带来孩子们的真心回应。

反思我自己之前的教学，当时我执教小学二年级的《小黑鱼》，因为没有设计学习单，二年级的同学不太清楚我的指令和任务，导致学生内心的话语无法表达出来，最终效果不好。如果当时我也有这样一份清晰而用心的学习单，可能情况会大不一样，这不但可以锻炼学生说的能力，也会引发学生写的兴趣，从而规范书写，梳理思路。陈佳老师的学习单设计简洁、清晰、层次性很强，而且符合孩子的学习习惯和认知兴趣，是个很好的尝试。看来学习单的设计还是非常重要的，如有学习单，老师就不需要用话语牵引，而是直接用任务引领，清晰而明确，老师会有更多的时间和机会去倾听。

让所有学生都有机会发言，学生感受到老师的公平

在课上我观察到，有一些孩子一直举手，特别是曹婷这个小姑娘给我留下的印象非常深刻，无论老师提什么问题，她和她的同桌都是高高举手的状态，那种想要被提问的焦灼感非常强烈。包括在课后，当小姑娘看到我在拍几个小朋友的学习单时，走过来对我说："老师，你也要拍我的。"我仔细观察她的学习单，能看到她对文本的理解并不太深入，但举手回答问题的愿望极为强烈。

与曹婷小朋友和她的同桌不同的是，很多小朋友自始至终都没有举手，但

是陈佳老师几乎叫到了所有的学生，她的视线一直在搜寻还有哪个小朋友没有被提问到。因为陈佳老师是这个班的班主任，对每个孩子的情况都比较了解，所以能够迅速判断出哪些学生还没有发言，很少有同学被多次点名，公开发表的机会在学生中间分配得非常好。

反思我自己的课堂，因为与孩子们并不熟悉，所以在找学生公开发表的过程中，并没有给他们均等的机会，有些孩子没有进入我的视野，而有的孩子机会比较多，这样会令没被叫到的孩子产生挫败感，也因为没有让所有孩子都充分表达，从而难以表现出观点的丰富性和深刻性。

记住字词，原来还可以有这么多方法

这节课的生字词还是很多的，陈佳老师采用了让学生自己课前查的方法，先解决部分生字词，并且巧妙地将这些词语进行了归类，特别是两个相同意义的字组合在一起形成了如"笨拙""雾霭""抛弃""羡慕"等词，并且特别强调了"羡慕"二字的写法，让学生们在学习单上再写一遍。

学生们写"羡慕"这两个字时都非常用心，并且一笔一画，而且一个人写，另外一个人看着，一个小朋友写完了，会对另一个小朋友说："我写得怎么样？请你帮我看看。"另一个回答道："你写得很好。"两个小伙伴相视一笑，学习的乐趣体现在孩子们的相亲相爱之中。

"裹"这个字很难书写，学生竟然能够看出来是"果"字＋"衣"字组成的，让我很吃惊，他们的小脑瓜确实聪明。为了加深印象，陈佳老师特意设计了一个活动——"谁来当小果子，用老师的大衣把自己从头到脚裹起来"，胖胖的郭镕同学高兴地走上来，用衣服把自己包起来，为了能够"从头到脚裹起来"，还不断地蜷缩着，真的太可爱了。很多小朋友可能就因为这个小活动而跨越"裹"字的难关吧。

陈佳老师的课我观摩了三节，每一节感受都不同，她以虚心的态度始终保持钻研的劲头。《小毛虫》一课，在芮莹老师的指导下，陈佳老师有了突破性的改变，她越来越柔软、平和，通过各种方式将学生带入深入的学习之中。上次我借用陈佳老师的班上课，当时学生的倾听关系才刚刚萌芽，我就想能够持续地参与陈老师的课，把这个班级的倾听关系进一步培育好。陈佳老师和芮莹老师默默地把这个工作承担起来，现在我们看到的这个班级已经有了很大的进步，我们能够感受到孩子之间心心相印的关系，能够体会到学生和老师的心贴得很近，相信随着陈佳老师不断地实践，这个班级共同体的状态会越来越好，对此，我充满期待。

附录：

《小毛虫》学习单

| 姓名： | 班级： | 学号： |

看一看，写一写：

想一想，填一填：

当小毛虫变成美丽的蝴蝶，它感到_____，它说："_____。"有的昆虫看见了它，说："_____。"有的昆虫看见了它，说："_____。"

第 5 辑

专家型教师成长：
成为自我革新的领航者

学习共同体中的领航教师

第一章

学习是与客观世界的相遇与对话，是与他者的相遇与对话，也是与自我的相遇与对话。在进行学习共同体的"行动研究"的过程中，我与很多的校长、老师和孩子相遇，点点滴滴地感受着教育实践的多姿多彩，也让我不断地自我反思、自我对话。其间，遇到了诸多困境，之所以能一步步走出来，是因为有那么多的身处教育教学一线的前辈和同伴们，陪着我一起走过来。毫无疑问，教育现场中的人，真正亲近教育田野的人，才是教育未来的真正的书写者。

最初进入学习共同体实践的老师们，我们称为"志愿者老师"，随着研究的不断深入，他们逐渐发展成"领航教师"。这些年，我们的领航教师队伍越来越壮大。这些老师扎根在自己的课堂，不断地砥砺自己的实践；他们愿意自我敞开，不断分享自己的实践成果或者读书心得；他们自愿做课堂观察员，参与课后研讨，把自己的观察结果或者心得写下来；他们的周围逐渐聚拢了一些志同道合的同仁，带动一批又一批老师共同探索。如果说领航教师有一些标准的话，我想必定有如下四个要素：

一是看重自己的教师职业，认识到教师工作的重要意义和价值，并形成了比较稳定的"教育哲学"；二是从来没有放弃过课堂实践，一直扎根课堂，不断反思和完善自己的教学实践；三是形成自己实践性的研究成果，有自己的思考、自己对教育的见解，不断深化自己的研究；四是要形成自己的研究团队，不一定是正式的组织，更像是志同道合的社团，老师们为了共同的专业兴趣走到一起。

学习共同体的领航教师们实际上各有特点，但我们也很容易发现领航教师的共性特征，这个特征与一般的"教师专业能力"还不太相同，学习共同体的领航教师的精神气质是最为闪光之处，因为这样的精神气质，也使他们的专业能力不断突破提升。或许未来对教师专业发展的研究，不一定去考虑"能力模型"还是"知识类型"，更多的考虑"精神气质"，这种"精神气质"会转化为"学习能力""研究能力""教学能力"等等。古人云："道生一，一生二，二生三，三生万物。"而精神气质就是所谓的"道"，有了精神气质就有了核心能力。

持续的学习力

近年来，越来越多的教育同仁走入学习共同体的团队中来，我发现了一个值得深思的现象，越是通过非官方的途径加入的老师成为领航教师的可能性越大。有些老师参与进来是因为校长或者上级的要求，而有些老师完全是出于自己的兴趣，没有任何官方组织的支持和帮助，有时候还要顶住各种外部压力来参与研究。自觉自愿参与研修的老师有的是个体，有的是三三两两结伴而来。有的老师听说过学习共同体，或自己曾经在课堂上进行过自发的实践，老师们很想通过课堂观摩来学习成熟的课例。

但有时候，有些老师看到的课例并不如自己想象得完美，就会暗自打了退堂鼓，感觉自己并没有找到合适的方法，没有找到现成的答案，而且还要另外学习很多新东西，觉得很麻烦，于是在还没有尝试的情况下，就自动放弃了。这些年来参加工作坊的教师不断在变化，很多教师都是在没有深入了解和理解的情况下，就放弃了尝试和探索，其实是很可惜的。

要进入学习共同体的研究和实践，首先要过课堂观察这一关。是否对孩子的学习保持尊重和谦逊的心态，是否愿意进行自我反思，是课堂观察能否深入的重要因素。学习共同体的课堂观察与结构性、系统化观察的方法有所不同，学习共同体的观察所遵循的课堂观察方法是焦点学生完整学习历程观察与关键事件分析，课堂观察遵循"观察—研究—自我反思"的路径，课堂观察的目的是通过对学生学习过程、状态和学习成果的观察与分析来反观自己的课堂，而不是对他人的教学进行评价。学习共同体课堂观察是将每位教师都作为专家来对待，让每位教师都能全身心地自我启动，用自己的双眼和大脑来观察与分析孩子的一举一动。要关注哪一位学生，关注他或她的哪个方面，关注他或她的哪些学习细节，这对每一位教师来说无疑都是一种考验，可以说，这是在考验教师的专业判断力和决策力。

在课堂观察方面，老师们也表现出不同的特质，有的老师在课堂观察之前并没有做好充分的思想准备，也没有认识到课堂观察的重要性，并认为课堂的事情自己很清楚，所以并不需要花什么心力，所以带着一种无所谓的态度进入课堂。这些老师的课堂观察往往都比较粗糙，眼睛里看不到学生的表现、困境和变化，也看不到学生发展的可能性，这样的课堂观察自然不会有太大收获。特别是当老师看到有的孩子学习过程不太顺利，学习效果不太好的情况下，可能会有一种抱怨的心态，认为自己来参与课堂观察是在浪费时间。一些老师看到课堂的状况并不令自己满意，就会马上提出反对意见或者直接走掉，在课例研究氛围还没有建立起来的学校里，我们会看到课后留下来参与课例研讨的人非常少。其实课例研讨与课堂观察同样重要，这是老师们进行学习的重要时刻，在课例研讨中，老师们需要研究学生们到底是如何学习的，通过视角的融合，来共同打开学生学习的"黑匣子"。但是遗憾的是，很多人并不知道这其中蕴含着重要的奥秘。无论表面上看起来多么普通的课堂都有太多的事情可以研究，都有太多的学生需要关注，都有太多的问题需要解决。而我们老师其实就是在研究课堂情境、关注孩子的学习历程和解决课堂问题的过程中成长起来的。

而最后成为领航教师的老师们,从做观察员开始就表现出了不同的特质。我还清楚地记得上海大学附中的郑艳红老师第一次来世博家园实验小学做观察员的情景。当时我们邀请了台湾的林文生校长来执教《小木偶》一课。多数来做观察员的老师都来自小学,但是郑艳红老师是一位高中老师。一个多小时的课结束以后,郑艳红老师作为观察员汇报学生的学习情况。郑艳红老师没有开口,眼泪就流下来了,她说:"我做了20多年的高中语文老师和班主任,这是第一次坐在一个学生边上,认认真真观察一个孩子的学习过程,这给我很大的震撼,我清楚地看到孩子在课堂上遇到困难、无法解决、不知所措的过程。这让我很难受,我一直以来都是教高中的,并且认为学生的学习都是很顺利的,不会存在这样的困难学生,但是我今天第一次看到原来学习困难的学生一节课都过得这样艰难。反思我自己的课堂,我觉得自己还没有真正去理解学生,还是以我自己认为正确的方法在教学,在今后的实践中,我一定要关注学生真实的学习过程。"

郑艳红老师把她观察到的孩子的学习情况进行了详细的汇报,她所观察到的孩子学习状况不佳,但这并没有打消她研究的积极性,她觉得学生越是有困难越要进行研究。她常常自己打车,往返两个多小时来浦东参加学习共同体的课例研究活动,无论是小学的课堂还是初中的课堂,无论是语文课还是数学课,她都会从宝山区跑来参加课例探究,而且每次参加课例研讨马上就会写课例反思,并且坚持在自己的班级里实践。这样坚持了半年左右,郑艳红老师班级的学习共同体建立起来了,学生对语文学科的兴趣和语文成绩都有了很大的提升,这些学生还参加我们的课例研究和论文撰写,让老师们刮目相看、自愧不如,如今这些学生已经升入高三,不但学习成绩名列前茅,而且研究能力、表达能力和倾听力都非常卓越,郑艳红老师的学生还被授予"学习共同体首批领衔学者"的称号。

一流的实践力

要成为领航教师就要回归课堂，回到教学现场，保持着教学现场的温度。领航教师往往对自身专业要求比较高，即使在某些方面已经出类拔萃，仍然觉得并不满足，希望自己能挑战自我，突破自我。领航教师们珍视每一节课，珍惜每一次与学生对话的机会，并将自己思考所得转化成高品质的学习设计。之所以能做到这一点，是因为这些老师很重视自己的专业，深刻认识到自己专业的作用和地位，而且这些老师无一例外都喜欢教师这个职业，喜欢学生，虽然他们同样会经受事务繁杂的压力，但是他们特别能够体会教师工作的乐趣，能够看到那些并不完美的孩子的可爱之处。吴慧琳博士曾经说过："教学30多年来，经常会遇到让我很无奈的孩子，但是我总是在自己快承受不住的时候，把孩子抱在自己的怀里，说'我爱你'。然后所有的情绪都烟消云散了。"

学习共同体的课堂需要老师有很强大的内心，而且要持续不断地实践、反思、总结，要不断去挑战，去尝试，去试错，这对于所有的老师来说都是一种巨大的挑战。对于成熟型教师来说，更加难能可贵。世博家园实验小学的芮莹老师是一位专业很好的成熟型语文教师，三年前开始带领学校的教师团队来进行学习共同体的建设。在前期了解了学习共同体的教学方式以后，芮莹老师开始在自己的班级里实践。要打破自己原本已经非常成熟的教学习惯，重塑另一种教学风格，应用自己并不熟悉的教学方法，这足以让很多成熟型教师感到不适。但芮莹老师的不适期比较短，她很快就调整好自己，声音降低、语调轻柔，与学生们轻声细语地交流，弯下身去倾听学生；自己尝试进行学习设计，并且根据课堂观察的情况，不断地改进学习设计。经过两个月的努力，芮莹老师班的氛围发生了很大的变化，学生之间的倾听力令人钦佩，三年级的学生在阅读理解方面已经表现出了很大的不同，学习成绩也在稳步提升。为了让老师们感受学习共同体的课堂，参与课堂观察，芮莹老师主动公开自己的课堂，不但学校内的老师可前来学习，校外老师也可以参与课例研究，芮莹老师始终保持着开放的姿态。

一年以后，芮莹老师自己班级的倾听关系已经完全形成，她开始思考新的问题。因为低年级建立倾听关系最为艰难，青年教师很难应对。为此，芮莹老师自己挑起了重担，将已经成熟的班级转交给了青年教师，下定决心从一年级新生开始进行学习共同体的实践。因为长期教中高学段，教一年级可以说是重新开始。为了全面了解每一位学生的真实情况，芮莹老师顶着烈日，利用暑假时间去每位学生家里做家访，不但了解学生的家庭情况、性格特点和学习基础，还与家长商量如何建立学习共同体的课堂，并得到家长的认可和支持。由于所处的社区比较复杂，学生的情况差异也很大，芮莹老师带领团队对每一位学生进行细致全面的课堂观察，并不断调整对每个学生的应对策略，经过多次研讨和挑战，班级里的倾听关系逐渐稳定下来。芮莹老师的课堂总是对所有的老师开放，她的学生的"公开课"经验非常丰富，对老师们前来观摩表现得非常淡定。这个班级的学生目前已经升入二年级了，用芮老师的话说，这些孩子已经成为"香饽饽"，所有的老师都喜欢这个班级的学生。回想起刚刚入学时，那些摇头晃脑、完全不在状态的"懵懂顽童"，如今已经成长为人人称赞的高素质学生，芮莹老师在其中付出的辛苦可想而知。如今，芮莹老师已经带出了一支多学科的学习共同体实践团队，而且世博家园实验小学也将学习共同体的创建作为全校性的龙头课题来展开，三年来芮莹老师持续的实践起到了决定性的支撑作用。芮莹老师还根据自己和团队的实践经验，撰写了丰富翔实的《学习共同体建设操作手册》，从这些细致的阐释中，我们能够看到芮莹老师实践的足迹。

坚定的变革力

学习共同体的课堂是以学生的高品质学习为核心的课堂，教师要从知识的讲授者转变成学生的倾听者，倾听成为教师的核心工作。这可能要颠覆很多人对课堂教学的认知。教师要摒弃"自我中心"，重构以学生为中心的课堂新生态。这是对教师专业的新挑战。对多数人来说，"挑战"和"变革"并不是好词，因为这意味着自我否定，意味着大量的额外的付出，意味着不确定性和风险。而领航教师往往都不太在乎自己付出了多少或者得到了多少，他们有自己的精神追求，有自己的行动准则，只要觉得是正确的事情，就坚持去做，即便付出比别人更多的努力，忍耐长时间的不确定性，他们仍然会坚持，而且保持着热情和乐趣，这是一种非常独特的精神，值得大家细细体会。

我很早就认识程春雨老师和王晓叶老师，他们是浦东新区的两位青年教师。我认识程春雨老师的时候，他是南汇四中的一位语文老师，而王晓叶老师是六灶中学的一位数学老师。他们都是我的科研前辈黄建初老师工作室的学员。黄建初老师是科研主任出身，在浦东的教师群体中颇有威望，程春雨老师和王晓叶老师因为对科研有兴趣，所以跟随黄建初老师学习。黄建初老师向他们推荐了《教师的挑战》等书籍，两位老师根据自己的理解进行课堂实践。我作为合作伙伴和观察员走进了这两位老师的课堂。

程春雨老师是一位非常有想法的老师，用他自己的话说是"很折腾"。因为他在参加工作以后就看到传统教学方法的低效性，教师和学生投入都非常大，但收效甚微，所以教师和学生要不断加班加点，以求保住可怜的分数。程春雨老师看到这样的教学方法是不可持续的，尤其是在其他老师休病假，他同时承担起多个班级的教学时，他感到传统教学方式的力不从心。朴素的变革理念在他的头脑中扎根，于是他尝试各种各样的方式来改变，而且都取得了一定的成效，所以在他的头脑中，"只有变是不变的"。作为程春雨老师的合作伙伴和课堂观察员，我看到程老师每一步都走得非常艰难，遇到很多的挫折和困境，但他都没有放弃。我第一次做程老师的课堂观察员，观摩他上《百合花开》，学生的学习情况并不理想，于是我们以学生对文本的深入理解和探讨为核心，对整个课堂进行了重新设计，完全颠覆原有的课堂设计。令我感到吃惊的是，程春雨老师并没有表现出任何畏难和退缩，在改进课上完全改变了自己的教学方式，如此的彻底，令人惊叹，学生的学习状态也出现了很大的变化，甚至出现了学困生逆袭的情况。因为《百合花开》同课异构的成功，程春雨老师开始了学习共同体的实践，程老师很愿意公开自己的课堂，《壶口瀑布》《苦瓜》《爱莲说》，他的研究课总是带给人很多新的思考。程春雨老师总是在不断地突破自我，后来由于专业的不断精进，他被上海市特级教师李百艳校长选中，进入建平实验中学执教，开始了新的专业生涯，而变革的力量一直在他的课堂中涌动。

王晓叶老师具有数学老师独有的气质，温和、耐心，最初对王晓叶老师最深刻的印象是他总是保持着一种温暖而含蓄的笑容，特别具有亲和力。就是这样一位含蓄、沉稳的老师身上却有着一种持续变革的爆发力。之前，参与课例研究，王晓叶老师是很少讲话的，保持微笑、倾听的姿态，他是很好的倾听者。直到2016年的学习共同体暑期工作坊，王晓叶老师好像突然顿悟一样，让人看到了他异样的光彩。无论是对课堂情境的研究和分析，还是对学习共同体的理论阐释，抑或是小组伙伴的讨论展示，王晓叶老师几乎每一次都表现得非常完美，分析和表达都堪称惊艳。原来善于倾听的人也是善于表达的，只要他们认为时机合适，他们愿意自我敞开，就一定会绽放。王晓叶老师本身就是非常优秀的倾听者，这对于他研究学生、思考学习设计、与学生和颜悦色地交流、接纳学生的见解都非常重要。王晓叶老师的课堂上，无论是学生还是观察员都如沐春风，即使是学习困难的学生也会因为受到王老师的体贴关注而放松自己，参与到学习中去。他的课堂上一直涌动着温润、和谐的氛围，那是学生在与自我对话，与同伴互相对话时的润泽气息。王晓叶老师带领着很多数学老师一起进行高品质的学习设计，而且还在研究新加坡等国家的数学教学方法，这位曾经如此安静的老师正在释放着强劲的变革力。

持久的研究力

选择了学习共同体，就是选择了一种以"研究"为核心的专业生活，也就选择了只有前进不能停滞的人生状态。只因为我们看到课堂的真实的风景，看到学生的学习困境和需求，看到教育生态中的症结，这些实践中不断出现的问题引领着学习共同体的研究和实践。领航教师如何确定航向，他们靠的是对教学实践的深刻理解，对学生学习需求的敏感捕捉，据此，他们对自己的实践进行反思，进行改进和重构，这是领航教师做研究的根本动力。目前几乎所有的领航教师都有写作的习惯，而且都有自己独特的研究成果。这是我们引以为豪的。领航教师们走在一起，基本上探讨的都是课堂教学的问题，或者交流最近的读书心得，或者畅谈发展设想。有时候自己也感觉很神奇，走在这些领航教师身边，如同被强烈的光吸引，前路变得如此澄澈、透亮。郑艳红老师一直保持着写课例报告的习惯，每过一段时间就要对自己的实践进行回顾和反思，对自己的教学进行调整，因为勤于记录，郑艳红老师在去年一年就发表了 20 篇文章，最近三年的文章累积起来已经达到 15 万字，完全可以成书了。程春雨老师对语文的文本解读有着自己独特的见解，形成了系列的文本解读的成果，而且以课例的方式进行反复推敲和改进，研究成果也已经成书了。王晓叶老师、芮莹老师也积累了大量的论文和课例，郭歆老师、秦亮老师因为自身较好的外语功底，都在进行国内外的比较研究。郭歆老师在英语思维工具和写作方面非常专业，而秦亮老师对于美国的科学课程的设计与研发兴趣浓厚，在借鉴的基础上，自主开发了很多非常有价值的课例。秦亮老师作为初中化学老师，特别强调化学实验的作用，他开课的时候常常要准备大量的实验器材，而且要自己做几十次甚至上百次实验，这种科学精神令我们震撼和感动。学生们也在科学实验中感受到科学的神奇，因此被吸引，从而持续学习。郭建珍老师每过一段时间就会将她的研究心得或者读书报告发给我，她总是会编辑成微信，图文并茂地传达她的研究成果。

作为语文老师,郭建珍老师的阅读量是惊人的,她不但读语文专业书籍,还读心理学、哲学、社会学,大量的阅读改变着她的思考方式和行动方式,她会用不同的视角来审视和理解,令人钦佩。郭老师带的毕业生在初中表现非常卓越,她说这正说明学习共同体的深度学习力的持续作用。而她新带的一个班的情况比较糟糕,倾听关系营造遇到了困难,但是她觉得这是一个完全不同的班级,正好可以研究一下学困生的"脱困"和"逆袭"问题。她在困境中看到的不是困难,而是转机,这样的思路确实体现了领航教师的独到之处。

教育的未来充满着不确定性,学生所代表的新生代的力量让我们警醒,不能再用以往的眼光来看眼前这些学生,需要我们重新看待每一个孩子,每一个课堂,这是对生命的敬畏,也是对教育的敬畏。领航教师们敏锐地看到了未来教育的方向,把握了课堂变革的脉搏,他们用自己坚定的信念与哲学,持续的行动力,静悄悄地改变着课堂的风景和教育的生态,

在千千万万领航教师所引领的航道上,我们看到了光明的前景,看到了比海岸线更加开阔的中国的未来!

教师实践性知识的形成与发展　第二章

　　教育是一种实践，需要教师具有实践性知识。这种实践性知识究竟如何从外在的行为要求转化为内在的行为需要，便是教师实践性知识形成与发展的内在机制问题。具体地讲，就是教师如何基于个人生活史与专业生活史，以个体经验、共同体经验、行动反思等为结构要素，引发实践性知识持续地发生、变化、重组、发展的运行机制。明晰教师实践性知识形成与发展的内在机制，可以帮助教师更深入、准确地把握教师专业发展的实质，也有助于教师采取有效措施来促进自我导向的学习与发展。

基于个体生活史的独特建构

　　教师实践性知识的形成与发展固然有赖于良好的外部支持条件及环境，但更取决于教师自身的心态与作为，教师应在现实生存的土壤中寻找自己的生长点。从这个意义上说，教师自身是发展与提升其实践性知识的关键。教师可以从回溯与洞察个人生活史开始，从个体经验中寻求自我认同。

一、洞察个人生活史的教育意蕴

　　教师实践性知识具有高度的个人生活史特性，因为这类知识所具备的个人性与实践性特征足以说明,其形成必然无法脱离教师自身的生活经验,以及个人所赋予的经验意义。个人生活史即每个人生活的经验和行动轨迹,具有明显的个人特质,是独特的、不可复制的,每个人特定的家庭环境、求学经历、日常生活、工作场景,乃至某一件不经意的小事都可能对一个人的实践性知识产生深刻的影响,甚至会成为实践性知识发展过程中的"关键事件"。个人生活史既是实践性知识积累的基础,也决定着实践性知识的发展方向,这种个人与经历之间的互动关系决定了"'我'是谁"以及"'我'怎样做才是正确的"等一系列的基本问题。所以对教师来说,个人生活史既是实践性知识的来源,也是其不断积累和发展的直接动因。

一方面,教师在开始职业生涯之前,是以普通人的身份生活,各自的生活经历常常给予教师关于生活的基本看法,这种看法会迁移到教师对教育实践的理解,对教师的教学实践产生影响的人可能是自己曾经的老师,也可能是尊敬的长辈、亲密的朋友,甚至可能是素不相识的人,不同的人出现在教师不同的人生阶段,在其生命中的某个特定的场景中触动心弦,从而成为教师个人成长的"重要他人"。这些看似无关的人或事不会悄然流逝,而是以一种无意识的方式弥散在教师的头脑和行动中,特别是某些具备"关键事件"性质的经验,可以激发教师产生新的认知和行为,并成为教师实践性知识的重要组成部分。这些重要事件的发生可能来自外在的社会事件,还可能来自个人的家庭生活,结婚、育儿、与家人关系的变化等等,这些事件都可能促使教师们对自我的各个方面进行重新评估,并影响教师实践性知识的重构与发展。教师个人的生活史决定了其对教育教学本质的认识、对教师角色的认知、对教育情境的判断、对教学方法的选择以及对教育结果的评价等等,而这些反过来又会进一步转化为教师的实践性知识。

另一方面,当教师进入专业场景之后,教育教学实践便成为教师实践性知识发展的最直接动因。教师自身的实践经历本来就是其实践性知识的一部分,它们在某种意义上说是重合的。同时，他人的实践也可以通过各种方式进入教师的实践性知识的结构中。教师往往从他人的实践中看到与自己的教育教学极为相似的情境，而他人的解决方案则往往以最直接、最简练的方式呈现出来，教师可以通过情境反馈来检验其正确性，如果这一方案的反馈效果较好，并与教师原有的实践性知识相适应，教师就会产生尝试的念头，并根据自己的经验和教学情境进行调整。因为这些具体的情境和案例与教师的日常实践的契合度较高，因此只要遇到相似的土壤，这种对实践情境的迁移会自然发生，并等待新情境的检验。如果出现"水土不服"或者"不合拍"的情况，则可能被放弃；如果得到正向反馈，就会在教师的实践中内化、活化，并逐渐转化为教师的实践性知识。因此，教师的个人生活史包含着教师丰富的内心体验，蕴藏着教师细腻的情感变化，映射着教师对教育意义的探索，记录着教师专业成长的心路历程。教师正是用自己个性化的独特方式赋予教育的生活世界以独特的意蕴。

二、从个体经验传统中寻求自我认同

教师实践性知识是以个人的生活史为基础，并随着个人生活经验的积累逐渐形成的。杜威认为，所谓"经验"包括经验的事物（经验的主体或有机体所面对的对象或环境），即人们做什么，遭遇什么，追求什么，爱什么，相信和坚持什么。同时，"经验"还包括经验的过程（主体对对象所起的作用），即人们怎样生活，怎样操作和怎样经历各种事件以及人们的观察、信仰和想象的方式等。① 人们在不同的经验当中，在对经验的不同操作中形成了"我"的风格，因而每个人的实践性知识也就带有独特的"我"的烙印。换言之，"实践性知识"的直接母体——"我"的内心世界，是个体经验的指照与反映，具有内在

---

① 高文，徐斌艳，吴刚.建构主义教育研究［M］.北京：教育科学出版社，2008：5.

性。"我"的实践性知识，是以"我"为中心吸收外来的知识，并跟自己已有的知识混合、发酵，由此才浮现出对"我"有意义的知识。[1] 因此，独特的"我"的形成是个体对自身经验建构的结果。可以说，教师的自我认同是稳固的意义来源，由自我认同组织起来的对教学"意义"的理解，远远比因教师角色组织起来的对教学"功能"的理解更为深刻，也更能激发教师的教学热情与教学勇气。

事实上，每个人都拥有与其他人不尽相同的认知图式，这个认知图式是实践性知识发展的"前结构"和胚胎，带有明显的先天性特征，表明人的认知、思考、行动的潜在倾向性，对每个人来说，"前结构"的"我"各不相同，因此，即便有相同或相似的经历，也会由于认知图式的不同而产生不同的解释方式，从而使实践性知识具有独特性。当然个体的这种认知图式并不是封闭的，而是开放的，且具有主观能动性。也就是说，人脑不是被动地学习和记录信息，而是主动建构对信息的解释，人的实践性知识不是对外部世界的直接翻版，而是在个体经验积累与反复加工的基础上，通过直接操作所形成的具有独特性的知识。教师的个人经历、所学习的理论知识、所接受的培训、教学经验、对他人的教学观摩等等都可能渗入其中。也可以说，教师实践性知识随着教师个人经验的改变而改变。因此，教师实践性知识因对个体经验的依赖，而具有明显的历史性，它是一种体现在"人身上的历史"，并随着生命显示着连续性，即实践性知识是教师过去经验的一种主动的建构和积累的结果，它预示着教师实践性知识对个体经验建构方式的依赖，离开个体经验的建构，教师实践性知识的发展将无从谈起。

基于实践共同体的意义协商

如果想要在实践中成长，教师可以有两个去处：一个是达成优秀教学的教

---

[1] 钟启泉."实践性知识"问答录 [J].全球教育展望，2004（4）：3.

师个人内心世界与生活世界,即教师个人生活史分析;一个是由教师同行所组成的实践共同体,从同事那里,教师可以更多地了解我们自己和我们的教学。[①]如果我们想教得更好,则一定要去探究我们的内心世界。但是,我们可能在那里迷失,不断自我蒙蔽和故步自封,因此,我们需要依托自我力量潜滋暗长地扎根沃土,在内心的生命力量与各种外部力量的交汇中,亲近滋养教师心灵智慧的伟大生命网络,即教师们组成的合作交流和扶助心灵的实践共同体。

一、认识共同体的经验价值

教师实践共同体,是指由教师自发组织,以提高自身专业素养和职业能力为根本宗旨,积极探寻各种自主学习形式,注意成员之间的社会确认与经验资源共享,实现互促共进的各种教师学习型组织。教师实践共同体立足于教师群体,通过教师相互之间的生活史、专业经验、教学实践的交流和对话,教师的实践性知识得以共享、积累和传承,进而形成教师的专业文化。教师在共同体中是为了完成真实任务、解决实际问题而与他人相互交流和协作,在融洽的学习关系中形成教师之间的精神共同体,通过强化和共享价值观念达到情感的沟通和分享。共同体中蕴藏着集体的智慧和经验,它是一个知识库,储藏着有形的知识与无形的知识,而且在各成员之间的社会性互动过程中,共同体的知识在动态地流动和生成。共同体的每一个人都有参与创建和维护它的责任与义务,他们在环境中汲取养分的同时,又给学习环境回馈或做出自己的贡献,这表现在公共知识的增加、学习共同体制度的完善、规则和方法的建立、工具的开发、语言习惯的养成等,因此共同体是一个共生共建的社会性生态圈。

[①] [美]帕克·帕尔默.教学勇气——漫步教师心灵[M].吴国珍等,译.上海:华东师范大学出版社,2005:142-144.

维果茨基（Vygotsky）认为：人类的学习首先是一种发生在主体之间的社会性的活动，然后才是一种发生于主体内部的思维活动，学习的本质是人与人之间的交往，是他人思想和自我见解之间的对话，它首先是一个社会过程，然后才是一个心理过程。对此，帕金斯（Perkins）也提出了"个人+"（person plus）的概念，知识分为个人知识和分布于环境中的分布知识。知识活生生地存在于各种人际活动当中。"个人+"意味着个人通过与他人建立彼此支持的伙伴关系，不断地将分布于环境中的知识整合入自己的知识体系，并建构起知识的意义[1]。教师共同体的形成历史悠久，因此，教师实践性知识虽然以个体经验为依赖，却既无法摆脱教师共同体经验的影响，又无法超越教师共同体经验的制约。

二、开展对话关系的意义协商

温格（Wenger，E）在《实践共同体：学习、意义和身份》中提出了实践共同体的三要素，即相互介入、共同事业和共享的技艺库。[2]在温格看来，所谓相互介入即教师通过在实践共同体中以多种方式参与对方的实践，从而形成复杂的、交互性的关系，在一定程度上达成共识，并维护着共同体的发展；共同的事业是建立在教师之间互相的承诺之上的，他们为了共同的行动目标而努力；共享的技艺库则是成员共同创造在实践中使用并逐渐稳定固化的符号系统，包括规则、口令、风格、行为方式、话语等等。教师正是通过这三种方式在实践共同体中逐渐找到自己的身份和定位，并将个人的思考、行为方式等实践特征浸润和融入共同体当中。保罗·欧内斯特（Paul Ernest）认为，只有当个人

---

[1] Perkins. *Distributed cognitions: Psychological and educational considerations.* Cambridge, UK: Cambridge University Press, 1999.

[2] Wenger, E. *Communities of Practice: Learning, Meaning, and Identity.* Cambridge University Press, 1998.

建构的、独有的主观主义和理论跟社会与物理世界相适应时，个体才有可能得到发展。因为发展的主要媒介是通过交互作用导致的意义的社会协商。教师在共同体环境中和其他成员进行着无数次的对话与互动，其中包括模仿、抗争、妥协、重建等复杂的过程，我们可以将其称为协商过程。只有那些能够通过共同体协商的实践性知识才能得到认同、强化，并最终成为个人的一种思维习惯和行为模式。对此，莱姆基（Lemke，J）不无感触地说：我们的行为、我们的参与、我们的"认知"，总是与他者的参与和活动互相联系和依赖，不管这个他者是人、工具、符号、过程或某种东西。我们如何参与，我们进行什么实践，是由整个共同体的生态系统所决定的……我们参与，因而我们变化。我们实践中的身份得以发展，因为在这个模型中，我们不再是自主的人。[1]

当然，在实践共同体中，教师们是能动的，他们的创造力使其可以为共同体做出贡献，每位教师的个人创造都将为共同体带来新的信息、新的资源，只要教师的创造得到了共同体的承认，这些信息和资源将得以共享，并逐渐成为所有共同体成员的共识，这种共识会对新成员产生"再生产性"的影响。这一协商过程是继承性的，更是动态的、充满活力的，因此，教师的实践性知识是个体性与社会性的矛盾统一体。

基于多元反思的持续更新

教师作为研究者，首先需要研究自身的教育教学实践经验，通过对自身实践经验的研究，不断改进和优化教育行为，从而实现教育效果的提升。教师研

---

[1] J. L. Lemke. Cognition, context and learning: A-social semiotic perspective. In D. Kirshner & J. A. Whitson. *Situated cognition: Social, semiotic, and psychological perspectives. Mahwah*, NJ: Lawrence Erlbaum Associates, 1997.

究自身教育教学实践经验的基本方式就是反思。可以说，反思教学实践经验是促进实践性知识发展的重要举措。教师的反思贯穿个人实践行动的始终，教师们在教育教学活动中的抉择和困顿，在实践共同体中的矛盾与挣扎以及个人生活史的成长与感悟都可能成为教师反思的重要契机，从而进一步影响教师实践性知识的发展。

一、反思"我在做什么"

教师对教学经验的反思是关于"我在做什么"的思考。对教师来说，对教学的反思有多种方式，最为常用的是内省式反思和外援式反思。内省式反思是教师个体通过觉察、矫正、完善等方式进行自我对话、自我审察、自我内省、自我批判的过程。而外援式反思则是依靠同伴与专家的外援和引领，在共同交流和互相合作中，深层次地反思自己的教学。[①] 对于积极进行内省式反思的教师来说，教室内外任何的事件都可能引发教师的反思，其中既有智慧灵光的闪现，也有令人沮丧和不快的体验，这将有利于触发教师"我在做什么""做得怎么样"的思考，这些不同的体验成为引发教师内省式反思的"关键事件"。相对而言，外援式反思则需要借助外部媒介，需要通过一定的介入、点拨和指导才能实现。虽然外援式反思的引发途径是外在的，但从本质上说，无论是内省式反思还是外援式反思都是以教师对教学卓越性的追求为前提的，外界的"事件"或"媒介"都不过是一种触发因素，而这种因素要转化成一种深刻的思考，并成为改善教育教学的行动，则需要教师进行不懈的专业追求，需要对教学工作体现出虚心、专心和责任心的个人品质和态度，杜威将其称为"反思倾向"。反

---

① 仇定荣. 教学反思：提升教师教学智慧的基石 [J]. 教育理论与实践, 2008（8）: 3–4.

思倾向对教师来说是一种引领力量，依靠这些力量才会形成良好的反思习惯，并在反思的引领下不断使自己的行动趋向完善，从而使教师的实践性知识得到优化。

二、反思"我属于哪里"

教师对其所处的实践共同体的反思是关于"我属于哪里"的拷问。教师所在的实践共同体对他（她）来说不仅仅是一种外部环境，在与实践共同体进行各种信息交换和意义协商的过程中，教师逐渐成为共同体的一部分。对于教师们来说，特别是对于新教师来说，与共同体的意义协商过程是复杂的，充满着各种矛盾和挣扎。一方面，实践共同体本身就是由不同的力量互相妥协所形成的，力量之间的强弱对比关系可能会造成实践共同体内部的一种非平衡状态，从而使一些教师感到无所适从，这种非平衡的状态会引发教师的深入思考。另一方面，教师自身对教育教学的信念系统、行动方式可能会与实践共同体有一定的落差，这就使教师随时面临来自各个方面的压力，当然也为教师的反思提供可能。教师在共同体中与各种力量进行博弈的过程逐渐明确，"我"是否适合这个共同体，"我"在共同体中的角色是什么，"我"是否应该坚守在这里，"我"是否应该去向何方，等等，教师对共同体的反思会使教师对共同体进行选择，他（她）对共同体的重新框定和诠释，意味着教师将重新定位自己的角色和未来的发展道路，这种对共同体的选择和反思也成为教师实践性知识发展的重要途径。

三、反思"我是谁"

教师对个人成长经历的反思是关乎"我是谁"的追溯。"我是谁"是一个重要的哲学命题，每个人从拥有自我意识开始就在不断地询问这个问题，教师也不例外。教师的实践性知识是伴随着个人成长的足迹发展起来的，他的童年生活、家庭环境、受教育情况，他周围的"重要他人"，他对周遭世界的基本看法等都成为他构筑自己的实践性知识的重要质料，也是教师从事教育教学工作的基石。随着教师的不断成长、成熟以及个人阅历、经验的不断积累，他们会不断反思"我是谁"的问题，其答案会发生微妙的变化。教师对自我的不断界定，对自己生活经历的回溯，以自己的生命为背景去发现和观察世界，这将带给教师一种对自我的深刻反观，这种自我意识和定位的变化会导致他们实践性知识的调整与丰富，并对教师的教育教学产生持续而复杂的影响。

早期受教育经验对新手教师实践的影响

第三章

"早期受教育经验"一般是指从幼儿园到高中的学校生活经历,对于新手教师来说,这是其个人生活史的重要组成部分,而个人生活史又与教师的教育教学实践存在密切的关系。古德森(Goodson, I.)曾经敏锐地指出:教师的行动与个人过去的生活历史密不可分。教师过去所发生的一切生活历史内容,会慢慢发展成为足以支配教师日后思考与行为的"影响史",对教师后续的经验选择与重组发生无所不在的影响。[①] 本研究试图通过对教师早期受教育经验的分析,来探讨其对新手教师的教学实践可能带来的积极和消极方面的影响,并对影响因素和机制进行分析,使新手教师能够有机会重新"把握和解释自己的生活",并使"早期受教育经验"真正成为支撑新手教师专业化实践的有效资源。

早期受教育经验是新手教师教学的重要参照

早期受教育经验持续十几年,对于处于这个发展阶段的青少年来说,他们在学校中遭遇的事件、交往的重要他人以及个人的情绪情感状态对其发展起到重要的奠基作用。而对于这些未来的教师来说,虽然这个时期他(或她)并没

---

① Goodson, I.(1994). Studying the teacher's life and work. *Teaching & Teacher Education*, 1994(10): 29–37.

有想成为教师的明确意图,但他们在长期参与教学的过程中,却接受了关于怎样进行教学的启蒙。正如莎伦·费曼南瑟(Shron Feiman-Nemser)所指出的那样:教师在成为教师之前就对教学有着复杂的认知结构,因为他们在学校中通过观察教师获得了大量关于教学的信息。① 特别是对于一名经验欠缺的新手教师来说,自己作为学生的经历无疑将成为教学实践的重要参照。

一、主体与情境的相似性

对于一名新教师来说,每天要面对的是学生、其他教师、家长、校长等人,而与这些人的相识和相遇正是从自己受教育的经验开始的。当他(或她)还是一名学生的时候,就开始用一种学生的视角去认识这些主体,并逐渐形成了对这些主体的多方面的知识,通过长期的、持续的交往活动,他(或她)在不经意中已经了解这些主体之间具有怎样的关系,他们会慢慢体会这些主体之间是平等的还是有层级的,是互相关爱的还是冷漠忽视的,他们还会逐渐认识到怎样能够形成主体之间的亲密关系,怎样能够在这些关系中获得好的结果,等等。这些未来的教师在课堂、学校这个完全真实的情境中,自觉不自觉地收集关于如何教学的一手资料:老师的教学程序、对课堂的控制、对教学节奏的调控、对学生的态度、对课堂情境的判断和决定等都是他们的学习材料,虽然他们当时可能没有意识到这一点。博库和帕特南(Borko, H., Putnam, R. T)的研究表明:教师最开始是从他们自己的学习经验中学习如何教学的。教师的信念、知识和技能可能在早期学校学习和生活经验中就已经形成。②

---

① Richard I. Arends. *learning to teach (sixth edition)*. McGraw-Hill Companies, Inc. 2004.
② Borko, H., Putnam, R. T. Expanding a teacher's knowledge base: A cognitive psychological perspective on professional development." In T. R. Guskey & M. Huberman(Eds), *Professional development in education: New paradigms and practices* (pp. 35–66). New York: Teachers College Press. 1995.

二、情感体验的真实性

这些未来的教师以学生的身份在学校、课堂中参与学习，这种学习是在具体的、真实的情境中进行的参与式学习，当然，这种学习也是潜在的、无意识的体验过程。体验首先表现为一定的"经历"，也就是说主体曾经亲身经历过，而且要在经历后获得某种理解和感悟。它不但表现为此时、此地的生命经过，更体现了这种经过对主体的影响，这种影响在主体身上的作用是持续而深远的。迦达默尔（Gadamer，H. G.）说："如果某个东西不仅被经历过，而且它的经历存在还获得一种使自身具有继续存在意义的特征，那么这种东西就属于体验。"[①] 体验是一种由多种心理活动共同参与的，包括主体的态度、情感、知觉、理解和感悟等多种心理机能，是主体全身心的参与。在多年的学生生涯中，他们对教学活动进行了全面而深刻的体悟和感受，他们的这些直接体验不但能够形成直接的概念，而且可以通过长期而持续的体验和思考形成对教学的一些抽象概念，因此这一时期所提供的实践性知识是声情并茂的，是具体与抽象相结合的，因此这些关于教学的记忆被深植于这些未来教师的头脑之中。

三、新手教师的专业不成熟性

莎伦·费曼南瑟将教师的发展分成三个阶段，即生存阶段（survival stage）、教学情境阶段（teaching situation stage）、学生关注与掌控阶段（pupil concern and mastery stage）。[②] 而新手教师处于教学生活中最为艰难的"生存阶段"，处于这一阶段的教师更多地关注他们自身的生存，这些新手担心自己的人际胜任力，担

---

① ［德］伽达默尔. 真理与方法［M］. 洪汉鼎，译. 上海：上海译文出版社，1994：147.
② Richard I. Arends. *learning to teach (sixth edition)*. McGraw-Hill Companies，Inc. 2004.

心学生或指导者是否喜欢他们，关注班级的管理，常常担心课堂会失控。他们要经历从学生到教师的转型，他们对教学实践的理想化意向可能会被现实无情地击碎，这就是所谓的"现实震撼"（shock of reality）。学校文化的差异以及与理论结合的困难使这些新手教师很难找到一种合理性的立场。而且，新手教师还要与熟练教师一样独立承担教学任务和班级管理的责任，学校生活的紧迫性使新手教师没有喘息之机，因此，对于新手教师来说，紧张、忙碌、无所适从成为这个时期的关键词。此时，早期受教育经验往往成为新手教师的救命稻草，在早期受教育经验中习得的缄默性知识最大限度地发挥了作用，特别是当他们遭遇到困境的时候，当年老师的做法就成为他们的知识库，他们可以随时提取其中的现成方案，而无须感到不安和无助。因为在他们看来，这种做法已经得到了现实的验证，对大多数新手教师来说解决当前面临的问题已经迫在眉睫，已经无暇思考和分析先前教师做法的合理性，而更多会从实用主义的视角加以复制和套用。

早期受教育经验影响新手教师对教育情境的认知与判断

当这些新手教师还是学生的时候，他们通过观察学习和体验学习获得了"第一桶金"，他们在与自己老师的接触中形成了对教师的初步认识，也对教学活动有了最早的认知，他们的头脑中留下了大量关于教学实践的情境、案例，这些真实的教学活动触动了他们的神经，这些深刻影响着新手教师对教师角色与师生关系的认知，影响着他们对教育情境的判断和策略选择，影响着他们对教学效果的评估和反思等。

一、对教师角色与师生关系的认知

诺尔斯（Knowles，J. G）提出，每一个教师都有或长或短的受教育经历，在当学生的时候，自己的老师在用他们的知识、他们的行为、他们的思想和人格操守诠释教师的角色。不当教师的人，也许用不着刻意去回忆和审视自己的受教育经历和自己的老师，而如果是要做教师，这种回望就具有了特殊的意义。① 史蒂文（Steven，S. Sexton）的研究发现，参与实验的 66 名师范生中的 43 人记得自己老师的事例。所有的被试都能够回忆起至少一件关于好老师和坏老师的清晰事件或例子，这个例子直接与其所选择的理想教师品质相关；多数被试能够描述他们的好老师或坏老师的案例，多数被试记得喜欢的教师，并成为其解释好教师的角色模型；有些被试清晰地记得他们在学校的经历，并感到他们有责任将这些好的教育经验传递给他的学生，并将其看作教师的首要角色。② 从上述研究可知，长期的受教育经验让新手教师们逐渐形成了对教师是谁，教师的职责是什么以及他们怎样履行职责的基本看法。作为学生的经历让他们从某个角度熟悉了教师的工作，并形成了对教师角色的认同，这种隐性的、深层的认识直接或间接引导着新手教师的工作。除此之外，早期受教育经验还影响着新手教师对师生关系的认知。泽克纳与戈尔（Zeichner，K. M. & Gore，J. M）的"教师发展的童年浪漫理论"（childhood romance theory of teacher development）认为，教师会在某种程度上去复制自己早期的童年关系。③ 卡甘也认为：未来教师常常从他们作为学习者的经验来推断学生，假定

---

① Knowles, J. G. Models for understanding pre-service and beginning teachers' biographies: illustrations from case studies. F. Goodson (Ed), *Studying teachers' lives*. London: Rout–ledge. 1992.
② Steven S. Sexton. Prior Teacher Experiences informing How Post–Graduate Teacher Candidates See Teaching and Themselves in the Role as the Teacher. *International Education Journal*-Vol5，No2，2004. 205–214.
③ Zeichner，K. M. & Gore，J. M.（. Teacher Socialization. In Houston，W. R. ed.）*Handbook of Research on Teacher Education*. Macmillan，New York. 1990.

学生在学习的时候会具有与他们相似的态度、问题和学习风格。[1] 新手教师在并不了解和熟悉自己课堂中的学生的情况下，他们还可能会根据自己的学生经历去评价哪些是好学生，哪些是坏学生，并在无意识中对这些学生予以自认为正确的对待。

二、对教学情境的判断与策略选择

教师的工作具有极强的情境性，教师总是处在一定的教学情境之中，教学活动就是情境的不断展开，教师总是处在这种对情境的判断和选择当中，要不断尝试去分辨，哪些对学生是好的，哪些对学生是不好的，怎样才能最有效地解决问题，怎样才能让更多的学生在自己的行动中受益，这种"好"与"不好"，以及"好"与"更好"之间的抉择和判断很大程度上来自教师的早期受教育经验中所积累的信念与规则感。诺尔斯指出，教师表现出的能力是建立在他们所亲身经历的事件上的，而不是建立在更宽领域、更多样的背景或想象场景中的。他们以其自身作为学生的经验去预测他们采用怎样的教师行动是恰当的。在以往接受教育的过程中，新手教师积累了与教学情境相匹配的解决策略和方案，如同认知图示一样刻画在教师的头脑和行动中，特别是在他（或她）的知识库还比较匮乏的时候，原来教师所采取的策略最可能为他所用，如果这种策略曾经在自己的身上获得了正向的效果，那么将更有可能被迁移。从某种意义上说，教师早期受教育经验往往会成为对教学情境解释的参考书和过滤器，与之相适应的解决方案，很快就可以得到新手教师的认同，而与之不相适应的方法、模式则会因为要承担失败的风险而被搁置、推迟甚至放弃。

---

[1] Kagan, D. M.（1992）. Professional growth among pre-service and beginning teachers. *Review of Educational Research*, 62, 129–169.

三、对教学效果的评估与反思

研究证明，教师对教学效果的反思是促进教师专业发展的原发性动力，为此，波斯纳（Posner, G. J.）提出了一个著名的教师成长的公式：经验+反思=成长。并进一步指出没有反思的经验是狭隘的经验，至多只能形成肤浅的知识。① 那么教师会对怎样的事件或问题进行反思呢？这取决于他（或她）对自己教育效果的评估，而评估的依据也往往是教师在早期教育经验中获得的关于教育的基本观念。舍恩曾经指出：行动和反思是互补的、相互回馈的，行动的意外结果引发反思，而令人满意的行动将为反思的历程划上句号。② 可见，在工作中的不满、不如意和不愉快的经历更能够促进教师反思，他可能对教育情境和自己的教育策略进行重新诠释，并有可能因此而改善自己的实践方式，因此教师永远处于一种满意与不满意的动态博弈之中。新手教师首先是根据他们内心的信念对教学的结果进行评估，如果评估的结果是令人满意的，那么很可能会放弃反思，而如果评价的结果并不满意，这种不满和不悦会打开教师重新思考的闸门。如果早期受教育经验中获得的经验和观念是正确的，那么其评估和反思的角度也是正向的，对教学具有促进作用；而如果新手教师将一种不正确的观念作为参照标准，得出的评估结论和反思结果也必然是值得商榷的。

早期受教育经验可能成为"熟知的陷阱"

教师早期受教育经验对其教学的各个方面都有着深远的影响，这些影响如

---

① Posner, G. J. *Field Experience: Methods of Reflective Teaching*,（2nd ed.）New York: Longman. 1989.
② ［美］唐纳德·A·舍恩. 反映的实践者——专业工作者如何在行动中思考［M］. 夏林清，译. 北京：教育科学出版社，2007：33.

同"看不见的手"指挥着教师的思考和行动，在推动教师快速适应教师工作的同时也具有潜在的危险。

一、对早期受教育经验理解的片面性与扭曲化，难以形成教育学框架下的理性判断

对于大多数新手教师来说，在早期的受教育经验中，他们的身份是学生，而教师则是以早期的权威形象出现，因此他们对教师、教学的看法都难免具有学生视角的局限性。首先，在学生的视角中，教师是成人，是一种权威的象征，而这种权威性使他们在看待教师的工作时，往往带着崇拜、尊重、敬畏的态度，因此，学生对教师的看法往往带有美化、夸张、放大的成分。罗蒂（Lortie）的研究认为：在没有获得教学经验之前，师范生对学生的认识是现实的，而对教师的认识则是理想化的。[①]

其次，学生所看到的教师的工作往往是表面上的，他们对教育教学的全过程并不甚清晰。学生往往只看到教师在课堂上讲课、提问、给出正确答案，而却很少关注到教师课前备课、学习的过程，教师在课后的反思、懊悔等复杂的心理活动也是学生所不能体会的。学生能够看到的教师活动只不过是冰山一角，因此，他们的认识往往是片面的、不完整的。

再次，学生在对教师的工作进行评价时往往会基于自身的偏好，对自己喜欢的学科或者自己喜欢的教师往往会给予较高评价，反之，则会进行无意识地贬低。但一位教师身上很可能体现出多面性的特点，这位教师在某一方面表现出良好的、专业性的品质，但是在另一方面的表现却不一定是良好的。但是由于学生自身已经建立了对这位教师的评价基准，因此，他很难判断出同一位教

---

① Lortie，D. C. *Schoolteacher: A Sociological Study.* The University of Chicago Press. 1975.

师的不同的表现，从而难以得出正确的、客观的结论。正是因为新手教师往往从学生的角度去看待教学，而不是从教育学的框架去理性思考，因此，他们的认识往往是片面的、扭曲的。

二、极易陷入"熟知的陷阱"，形成不良教学惯习

有学者指出：早期经验影响着教师的思维方式和教学行为。有些影响是积极的，因为他提供给新教师多年前的许多模式，但是过多地依赖于早期经验会使教师更多采用保守的经验而不是新的教学方式。早期教师的教学方式可能不适应当前的实践，如果教师过多地依赖先期经验可能会阻止他们对工作进行充分的反思和分析。[1] 这种新手教师被早期受教育经验束缚，被学生时代的历史记忆引导，从而形成复制、再现、再生产原来教师实践的过程，这点受到学界的广泛关注。对此，莎伦·费曼南瑟等人提出了"熟知陷阱"的概念，并指出由于这些新手教师熟悉课堂，于是形成了对教学和学习固定的认知指令，这使他们不再愿意去分析和反思了。[2] 很多新手教师从原有的知识库中去寻找对自己的课堂情境的解释方式，熟练地应用着曾经被千百次重复的方法和策略，并为这些方法和策略找到合理的理由，全然不顾今天的学生、教材、教育目标等都已经发生了重大的变化，而是心安理得地重复着昨天，形成了一种自我复制的文化，并逐渐固化为一种不良的"惯习"。如果新手教师不假思索地套用，并逐渐形成了对这种惯习的依赖，其必将成为教师专业发展的认知性障碍。

---

[1] P. Karen Murphy, Lee Ann M. Delli, Maeghan N. Edwards. The Good Teacher and Good Teaching: Comparing Beliefs of Second-Grade Students, Pre-service Teachers, and In-service Teachers. *The Journal of Experimental Education.* 2004（72）：69–92.

[2] Feiman-Nemser, S. & Buchmann, M. Pitfalls of experience in teacher preparation. *Teachers College Record.* 1985（87）：53–65.

走出早期受教育经验的桎梏，走向专业判断与行动

一、加强对新手教师早期受教育经验的批判性反思，使其成为专业性实践的参照

学生时代的经历为新手教师提供了对于教学的最初信息和见解，对于有些新手教师而言，他们可能会对教学实践产生刻板的认识，被看作是"适宜"或"应当"的，具备了"合法性"，从而有可能产生固化和惰性的倾向，这不利于教学实践的变革和更新。而对教师早期受教育经验的批判性反思，无疑为经验的重组提供了新的可能。在教师职前和在职教育中，可以尝试将生活史分析的方法应用其中，促进新手教师对自身生活经历的回溯，使其从多角度、多层次，理性地对这些经历进行剖析和再诠释，将自己的受教育经验转化成反思的材料。

作为教育改革的重要推动者，教师只有立足于自身的受教育经验，通过批判性反思，解除自己受教育经验的束缚，从专业的视角去重新审视课堂、学生和教学，才能不断革新自己的理念和实践。

二、加强对复杂性和情境性的分析，以减少新手教师的现实震撼

教师早期教育经验对新手教师教学实践的塑造很大程度上是因为教师教育的低效造成的。传统的教师教育是"学徒观念"与"理论构想"的结合，其内在逻辑就是教给这些未来的教师某些理论和技能，他们会在日后的教学实践中加以应用，从而实现理论和实践的结合，实现理论对实践的指导，其遵循的是"理论应用于实践"（theory into practice）的传统思路。但实际上，教师的日常生活包括更加复杂的判断，而非单向度地将理论应用到实践的行为。这使得新手教师在面对复杂的教育情境时，无所适从，最终只能下意识地求助于自己

的早期受教育经验。要改变教师教育的现状，就要加入对教育情境复杂性的分析，使未来教师认识到任何原则和原理都有其适用范围，任何学生和班级都有其自身特点，任何技术和方法都会因为教育情境的变化而改变，只有帮助未来教师认识复杂的教学情境，才能使他们走上工作岗位后能够更快地适应多变的状况，减少现实震撼，从而对教学实践形成更加理性的、专业性的把握。

三、促进专业场景中教师共同体的交互影响，加强对新手教师的专业引导

新手教师专业社会化的过程不但包括个人生活史的影响，还包括专业场景中共同体对新手教师的影响，即"个人主义"与"相互影响"现象并存，而这种交互影响就为共同体的介入提供了条件。虽然每位新手教师的个人生活经验以及受教育经验具有明显的个体化色彩，但学校或者教师共同体却有着对教师的整体性的期望，这种整体化的期望如何转变为个人的需求和发展目标，就需要共同体的努力。学校或教师专业团体应该为新手教师提供与团体中的其他成员进行多层次交流的机会，为新手教师提供安全的言说氛围，让新手教师能够将自己面临的问题、困惑向同行倾诉和请教，同行教师在倾听的同时提供专业化的建议，或者让新手教师观摩课堂，并与他们一起根据教学情境探讨教学中的事实问题，当教师原有生活史中得出的经验与专业共同体中获得的经验产生冲突时，将促进新手教师对自我生活史的反思，同时深化对某一个问题点甚至对教学实践的整体认识。而当新教师在共同体中得到认可时，他将对这种认识或方法加以确认和强化，从而进一步增强自己在教学实践中的自我效能感，使教师获得稳定的专业认知。在这里需要指出的是，专业共同体的主体应该是多元化的：既应包含教学经验丰富的熟练教师、教育管理者，也应包括教育理论工作者，甚至心理咨询人员，只有不同经历和背景的主体之间产生交互影响，才能为新教师的反思提供更多的视角，从而使新手教师的信念和行动更加趋向专业化。

领航教师的课堂进化史
——《百合花开》同课异构

第四章

程春雨老师是一位初中语文老师,我们很早就相识,并共同进行课例研究。本文记述了春雨老师执教《百合花开》的经历,作为课堂观察者,我从春雨老师的课上学到很多。

百合花为什么没有开

一、行色匆匆的一节课

第一次听春雨老师的课,春雨老师选择的是《百合花开》一课。《百合花开》是林清玄的一篇哲理散文,写一株百合花长在偏僻的断崖之上,最初它长得与野草一模一样,但它知道自己是一株百合,所以努力吸收养分向上生长,并开出了花苞,野草嘲笑它,蜂蝶鸟雀劝告它,它都不听,继续生长,终于开出了洁白美丽的花朵。年复一年,百合的种子飘落各处,百合花越开越多,最后成为远近闻名的百合谷,吸引着很多人前来欣赏。百合谷的百合都记得第一株百合的教导——我们要全心全意默默地开花,用花来证明自己的存在。文章不长,全文只有800多字,文字清新隽永,采用托物言志的手法,给人以警醒和启迪。春雨老师之所以选择这篇文章也是因为与作者有强烈的共鸣吧。

课前春雨老师与我进行了简单的交流，原来春雨老师一直进行"小组合作学习"的探索，最近春雨老师听了专家报告，对"支架式教学"产生了兴趣，而他这节课就是以"支架式教学"为主，辅以"小组合作学习"。这是怎样的课堂呢？我对此很好奇。

春雨老师先介绍了本文的文体——哲理散文，又介绍了林清玄的生平和名言，我所观察的两位学生一直在努力地记笔记，非常忙碌，一会儿拿出直尺画文中的内容，一会儿聚精会神地抄写老师PPT上的名言，没有喘息之机。春雨老师让学生迅速读一遍课文，然后回答问题：你能否从蜂蝶鸟雀的视角来描述百合花？第一位学生站起来，刚开始还尝试用自己的语言来回答，可是或许还是觉得文章中的表述最为贴切，所以照着教材读了一遍。第二位、第三位学生皆是如此，他们只是把文章中的"百合"换成了"我"，原封不动地照搬教材。

春雨老师对学生的答案不太满意，并采用"小组合作"的方式让学生讨论。前排的学生转到后排，形成四人小组，我观察着四个孩子的讨论过程。前排的学生转过来的时候就非常缓慢，似乎有点不知所措。前排的学生问："老师让干什么？"后排的学生回答："讨论问题。"前排又问："讨论什么问题？"后排回答："我们也不太清楚。"于是开始沉默，然后前排又问："那怎么讨论？"后排直接不好意思地摇摇头。正在他们不知道要做什么的时候，春雨老师请学生们来回答讨论的结果。我看了一下手表，"小组合作"时间为3分钟。在公共发表的过程中，春雨老师意识到这次讨论效果不佳，因为孩子们没有给出有价值的答案，于是就把自己预先想好的答案说出来。因为学生的表达效果不太好，春雨老师就自己把要点讲清楚，然后匆匆下课了。

二、问题出在哪里

课后研讨由黄建初老师主持，黄老师建议大家把作为观察员所看到的学生学习的具体过程分享一下。观察员老师们所观察到的学生的故事比较少，因为多数时候学生都是在听讲或者记笔记。春雨老师把自己的教学设计的初衷与观察员老师再次进行了沟通，他在尝试采用"支架式教学"的方法，为了能够帮助学生理解，他为学生在各处都搭建了支架。但是令春雨老师很疑惑的是：搭了这么多支架，为什么学生们的理解还是不到位？

我尝试对春雨老师的支架进行了分析，春雨老师将作者写作背景、写作手法等作为支架，但是缺少一个最为重要的支架——学生。从本质上说，学生对文本的充分理解才是这节课真正的支架。我问春雨老师是否愿意尝试将学生和文本内容作为支架再来实验一下，春雨老师同意了，大家都支持春雨老师来一次同课异构。

春雨老师虽然答应了再上一次《百合花开》，但是对于如何把学生作为支架，还是有些迷茫。在备课的过程中，我们一起对文本进行了深入的讨论，也对上一节课的很多细节进行了再次研讨。比如：在提问"你能否从蜂蝶鸟雀的视角来描述百合花"的时候，为什么所有的孩子都照搬文章的内容？在"小组合作学习"的过程中，学生为什么没有讨论出有价值的东西？

1. 问题设计：能够产生认知冲突的课题才具有讨论价值

我在长期观察的过程中发现一个现象，就是一节课中，老师的"问题"往往非常多，有人做过调查：多数老师一节课的问题在 80 个左右。因为一节课上的问题特别多，所以多数时候我们都没有时间，也没有耐心去仔细分析其中的任何一个问题，所以都是匆匆而过。这让老师们往往对自己提出的问题缺乏深入的思考和设计，因为只是一带而过，不管学生有怎样的回答，最后的解释权和决定权还是在老师那里，所以无论是学生还是老师并没有真正重视其中的任何一个问题。因此，多数老师缺乏问题设计的经验，也缺乏组织问题讨论的经验，这也就造成了提问的无效性。但是对于一般的课来讲，即便提出的问题无效，也并不影响课堂的进度，因为这些问题无论回不回答，回答的效果如何，老师都会想办法化解，然后回到自己讲授的"轨道上"，提问和回答只不过是一个小插曲，影响不了主旋律。

但是，如果老师对自己设计的问题非常重视，希望学生通过问题解决来推进教学进程的话，那么就要慎重进行"问题设计"。什么样的问题学生会感兴趣？什么样的问题能够激发学生思考和研讨的欲望？问题以什么样的方式呈现学生最容易理解和接受？如何组织讨论最为有效？这些都需要老师们进行深入的思考。这节课上"你能否从蜂蝶鸟雀的视角来描述百合花"这个问题本身是对文章复述的一种变体，对于这些习惯于听讲、记笔记的孩子来说，复述的最好办法就是对原文的照搬，这些学生还没有形成用自己的语言来说话的习惯和能力，缺少自身话语的学生是没有办法去超越这个"伟大的作者"的，他们所想象出的任何话语都没有林清玄这位大作家的话语更为精准。所以，三位学生都是在照搬课本，这就合理了。因为这个问题本身就是在课文中能够找到正确答案的，所以缺乏思考的深入，也缺乏思考的价值。即使采用"小组合作学习"，也会造成学生的迷惑，因为设问本身出了问题。所以，要设计"冲刺挑战性问题"，这样的问题往往是紧贴文本，但是超越文本，不能用"对"或"错"，"是"与"否"简单评价，只能通过深入的思考，甚至要通过与他人的研讨才能得到解决。在实践中，我们体会到能使学生产生"认知冲突"的问题才具有价值，让学生"选择困难""左右为难"，不但要说出道理，还要在文中的字里行间找到依据。只有这样的问题才是真正有价值的问题，才是值得讨论的问题，否则，提问会流于表面、流于形式，师生都是草草应付而已。

我和春雨老师就问题设计展开了大量讨论。春雨老师想了很多"设问"，我们的讨论逐渐聚焦。最终我们确立了两个问题：一个是基础性问题，让所有的学生都有话可说，作为"破冰"问题；一个是挑战性问题，学生必须通过深刻的思维活动或者充分的协同研讨才能解答。

2. 课堂组织形式：主体讲授+小组合作学习=低效

　　为了能够有效地把知识传授给学生，同时体现学生的主体性，很多老师采用了一种妥协式的方式来组织"小组合作学习"。大多数情况下，老师在讲授过程中，加上1～2个小组合作的环节，一般合作时间都在两三分钟左右。我观察过很多这样的课堂，这里的"小组合作学习"几乎都是无效的。因为首先，在一个以教师的讲授为主的环境中，学生已经逐渐形成依赖、照搬、不思考的上课状态，所以突然有一个环节让学生去思考，很多学生感到不知所措。在学生互动的环节中，这种不知所措的感受会迅速传染。其次，多数老师只把"小组合作学习"作为一个环节，不论学生讨论出什么结果，老师还是要给出自己的正确答案，而且还要学生承认老师的正确答案。很多学生有一种受欺骗的感觉，不知为什么老师一定要加入讨论。学生逐渐学会了应付，而老师也觉得学生没有讨论的能力，讨论不出东西来，所以越来越不相信学生，也越来越排斥"小组合作学习"。春雨老师这节课上也出现了这样的问题，而且课堂上马上就出现了反弹：学生们对老师要研讨什么问题不清晰，不知所措，讨论的时间很短，所以春雨老师对讨论的结果不满意，又开启了自己主讲的模式。

　　要转变这样的情况，从一开始老师就要放弃"我来主'讲'"的姿态，给孩子一个"你来主'学'"的信号：无论是对文本的充分阅读，还是对问题的研讨，还是研讨得出的结论，都是学生通过自己的学习过程来获得的；老师更多的是倾听，倾听学生们真实的学习状态，倾听他们的观点，并将他们的观点进行串联，尊重他们的想法和结论，并带着学生通过反刍，不断提升自己原有的认识。只有这样，才能真正让学生获得思考的快乐和学习的自由。春雨老师最终决定：既然让学生成为自己的支架，就要真正解放学生，解放学生也是解放自己。

百合花静悄悄地开放

一、以学生对文本的解读为支架的课堂

与第一次小型公开课不同，第二次的公开课有数十位专家、老师来参加。浦东素有课例研究的传统，发展到现在，课例研究的流派也比较多，大家各自采用的研究方法有所不同，但在"促进学生真实学习的发生"这一点上是达成共识的。

1. 基础问题"破冰"，学生聚焦到百合花的美好品质

学生们早早就在录播教室坐好了，观察员老师们也陆续坐到学生边上。我从后门进来，一眼看到一个穿白衬衫的小男孩。其他学生都是穿着蓝色的校服，只有这个小男孩穿着白衬衫，多少能看出他的不同。因为这次的观察是随机的，我就选择在白衬衫男生身边坐下了。

这次春雨老师的PPT上除了《百合花开》这个课题之外，什么也没有。他话语非常简洁，直奔主题，让学生们根据预习的内容说说课文里这株百合留给学生的印象是什么。刚开始就让学生讨论。

我这个组的四个人声音都很轻，我仔细倾听着、辨别着。前排两位女同学——倩倩和梅梅转过来，再加上我边上的两位男同学，一个就是穿着白衬衫的白涛，另一个是他的同桌——志轩。

倩倩同学是发起者，她说："因为在它的内心深处有个信念，'我是一株百合，不是一株野草'。"梅梅同学说："我认为百合是努力的，因为第4段中'百合努力地吸收水分和阳光，深深地扎根，直直地挺着胸膛'充分写出了为了证明自己所付出的努力。"然后，两个女同学把目光放在志轩同学的身上，志轩同学说："我要开花，所以我要积极地努力。"白涛同学说："我认为它是坚持不懈

的，在蜂蝶鸟雀的讥讽嘲笑下仍然开出了花朵。"受到白涛同学的启发，梅梅同学继续说："我认为百合花是有决心的，不管有没有人欣赏它，不管别人怎么说它，它都要开花。在野草和蜂蝶鸟雀的鄙夷下，它自己都要开花。"志轩同学补充了一句："百合花是有目标的。"梅梅同学又说："我认为它是默默无闻的，第 14 段中虽然有很多人来欣赏它，它还是全心全意默默地开花。"倩倩同学显然也是同意梅梅同学的，她说："我认为百合花是无私的，因为它是全心全意默默地开花来证明自己的存在。"白涛同学觉得有道理，也引用了书中的原文："我们要全心全意默默地开花，以花来证明自己的存在。"

让我没有想到的是上课伊始，春雨老师就放下身段，让学生自己阅读、自己感受，并让他们通过研讨的方式来发表自己的观点。虽然大家还有点儿不适应，说话的时候还不太连贯，但是能够看出，学生对本篇文本的理解应该没有很大的困难，在研讨开始的 5 分钟之内，就已经开始聚焦了。

2. 认知冲突的问题，让学生在探索中找到思考的快乐

然后，春雨老师请同学们来回答，他们认为百合花是"高洁的""洁白的""美丽的""坚强的""坚持不懈的""默默无闻的"等等。春雨老师说："我们发现百合身上有许多优秀美好的品质，这种优秀的品质让我们很喜欢它，但有人是不喜欢它的，谁啊？"学生回答："野草和蜂蝶鸟雀。"于是春雨老师追问道："野草、蜂蝶鸟雀为什么不喜欢它？为什么不喜欢百合这么好的品质？开始的时候它们还嘲笑它、鄙夷它，为什么在百合开花之后它们不敢嘲笑了呢？接下来这个问题就留给大家，给大家一刻钟时间。以课文为依据深刻探讨一下野草和蜂蝶鸟雀为什么不喜欢百合，以及它们后来为什么又不敢嘲笑了。"

这个问题我是有心理准备的，因为我们讨论的过程已经涉及，但是春雨老师一下子给了一刻钟的时间，这是我没有料想到的。因为多数老师对于课堂的时间都是非常重视的，特别是公开课上，分分秒秒几乎都计算好了，给 15 分钟

的时间，多数老师应该都在怀疑春雨老师这 15 分钟是不是"浪费了"。我惊叹于春雨老师的魄力，他说要把学生作为"支架"，就真的彻彻底底地把课堂还给了学生，而且在这么多人共同见证的情况下，我在心里暗暗为春雨老师点赞。

学生们似乎并没有吃惊，他们还是保持着原来的节奏，不紧不慢的。因为要回答这个问题确实不那么容易。梅梅同学首先说话了："它们一开始不喜欢百合是因为它们认为百合是一株草，而百合认为自己是一株花，所以它们不喜欢百合。后来它们不敢嘲笑是因为……"梅梅同学有点语塞了。倩倩同学接着说："我觉得它们不敢嘲笑，是因为百合开出一朵一朵美丽的花，它们已经认识到百合确实是花。"然后是一阵沉默，梅梅同学似乎又想到了什么，说道："蜂蝶鸟雀……"欲言又止。这时候一直沉默的白涛同学轻声说："它们嘲笑百合是因为它们认为百合的梦想是无稽之谈。"三个小伙伴似乎都被震住了，白涛同学平时是不言不语的，即便开口也是断断续续、声音很轻的，其他小伙伴没想到白涛同学竟然在大家都找不到答案的时候说出了这样一句话。

作为观察员，我觉得这是一个突破的好机会，于是我补充了一句："你为什么认为是无稽之谈，在哪里能够看到？"白涛同学沉默了，边上的志轩同学说："因为它结出了第一个花苞所以它们不敢嘲笑它了。"倩倩同学纠正志轩同学，说："它长出花苞之后野草也并不认为它是一朵花，认为它是头上长瘤了。所以这不是它们不敢嘲笑的原因。"

倩倩同学的发言又将大家拉了回来："野草不喜欢百合是因为它诞生的时候跟它们一模一样，所以它们认为百合跟它们一模一样。但是，百合有梦想有追求，结出了一个花苞，它们对百合有嫉妒，所以它们笑它。"梅梅同学接着说："它们不敢嘲笑它了，是因为百合经过自己的努力开出了第一朵花，与杂草不一样了。一开始它与杂草一样，但它目标明确并付出了努力之后开了花，杂草不敢嘲笑它了。"

然后进入了沉默，学生们好像找到了理由，但明显觉得还不够充分，于是再次回到文本，从头开始寻找答案。倩倩同学又说："因为这是一个偏僻的山谷，即便能开出美丽的花也不会有人来欣赏，它一定是平凡的。"梅梅同学进行了补充："但是百合要开花并不是要别人欣赏它，是因为它知道自己是一株花并努力完成自己作为一株花的庄严使命，而且它喜欢用花来证明自己的存在。"白涛同学就"为什么后面不再嘲笑"的问题给出了自己的观点："因为蜂蝶鸟雀知道百合的信念是非常坚定的，不管它们怎样嘲笑，它都会开花的。"

志轩同学好像要再确认一下，问道："为什么蜂蝶鸟雀不喜欢它？"梅梅同学说："因为蜂蝶鸟雀认为，纵然它开出世界上最美的花也不会有人来欣赏，是劝它不要那么努力地开花。"倩倩同学接着说："第 10 段在野草和蜂蝶的鄙夷下，它继续努力，有一天它终于开出花了，'它那灵性的洁白和秀挺的风姿，成为断崖上最美丽的颜色'，百合没有放弃它的梦想开出了最华美的颜色，所以野草们就不敢嘲笑它了。"梅梅同学也说："野草认为百合并不是一株花，但百合还是努力地付出，最后开出美丽的花……"白涛同学说："它们不嘲笑是因为百合通过自己的努力开出了花……"在我所在的这个组中，每个孩子都把自己当作一株百合去感受，感受百合的内心世界，感受它的倔强、乐观、坚强，我看到他们交流的时候，目光变得越来越坚定，仿佛看到了他们心中的那株百合。

二、课后研讨成为"交响乐"

因为很多研究者和伙伴都成了课堂的观察员，大家观察的学生各不相同，甚至还采用了不同的观察方法。我们一直倡导的是聚焦学生的自然观察的方法，这次还有老师采用了数量化的观察量表，这使得本次课后研讨也很有研究价值。

1. 自然观察：原来学生的学习是这样发生的

采用自然观察法的老师讲起了学生们真实的学习情形。徐磊老师说："我观察的四个人刚开始是很沉默的，面对第一个问题，他们沉默了很长时间。过了很长时间，最先开口的是周欣韵同学，在讨论中起到发起人的作用。开始可能比较紧张，他们并没有具体讨论，得出了几个结论也是跟黑板上差不多。到第二个问题时，可能他们已经适应了观察员老师在场。四个人分工明确，其中周欣韵同学提出质疑，季易同学一直很沉默。到了第三个问题时，范晓晓同学好像灵光乍现，这一次他最先发表观点，起到了很好的引领作用。整堂课他们渐入佳境，层层递进。唯一的不足就是小季同学参与度不高。"

邵如杰老师说："第一次讨论时，我观察的同学声音很轻，但是他们有自己的想法，他们能找到词语，也能找到依据，但却没人回答。组长并没有起到作用，反倒是小徐同学一直在领导大家。到第二个问题时，他们把杂草和蜂蝶鸟雀分成两组。我大概理解了一下，他们觉得野草认为自己和百合是一类的，都是草，所以野草不喜欢百合开花；而蜂蝶鸟雀'劝'百合，则是完全两个不同的情感。不过可惜的是，他们的讨论并没有在公共发表阶段呈现出来，这个亮点就流失了。"

2. 行为分析法：教师教学过程的评价

还有一部分老师是通过观察记录表来进行数量化分析的。朱老师进行的是学生非语言行为的分析。朱老师说："因为第一次使用这张记录表，所以有些手忙脚乱。春雨老师还是能关注到大部分学生和小组的，但是左下角的两组却有些疏漏，关注较少。老师有俯身观察但却没有交流，最长的停留时间有18秒左右，少的3秒左右，缺少对组内的指导，教师一直在巡视观察。边讲解边板书，过程流畅，快捷明了，缺点就是PPT的背景颜色有些炫目。"严老师主要记录第二次讨论时教师的行为，她说："老师给大家一分钟时间，还给了建议，在别人发言时听别的小组的发言有什么异同，这里老师是有指导的。"王老师补充说："整堂课老师的表扬很少，但确实很恰当。"

3. 学生的表现比我们看到的更精彩

　　老师们作为观察员坐在孩子的身边，看到了学生真实的学习状态。很多老师兴奋地讲述着关于学习的故事。我在观察的过程中，也不断被学生的表现吸引。在研讨的过程中，我从春雨老师那里了解到，这个穿白衬衫的白涛同学是随班就读的同学，平时的语文成绩不太理想。我在观察中看到，白涛同学在第一轮研讨的时候就最后一个发表观点的，而且声音很轻，因为一组四个人是轮流发言的，所以他也不得不发表观点。在第一轮发言的时候，他虽然表现平平，但是已经有了表达的机会。在讨论"挑战性问题"的时候，白涛同学第一个发言，他声音还是很低，但是很坚定，他说："它们嘲笑百合是因为它们认为百合的梦想是无稽之谈。"（所以嘲笑百合），当大家开始探讨"后面为什么不再嘲笑百合"的时候，其他学生都陷入沉默，而白涛同学说："因为蜂蝶鸟雀知道百合的信念是非常坚定的，不管它们怎样嘲笑，它都会开花的。"他的声音越来越坚定。可以说，伙伴们是在白涛同学的带领下，在互相倾听并与文本对话的过程中，突破了这个挑战性的问题，学生们的观点非常精彩。

　　很多时候，我们因为学生基础不好，比较内向、不爱发言，就忽略了一些学生，殊不知，这些学生可能会给我们提供非常不同的观点，这就是为什么我们要拿掉"能"与"不能"的有色眼镜。我们要尊重每一位儿童发展的可能性。学生会因为我们的倾听和尊重而学会互相倾听与尊重，这个小组中的白涛同学虽然是随班就读的学生，但是春雨老师都会平等以待，春雨老师说："把弱势的孩子平等看待就是最好的尊重。"所以，在这个组中，学生们相互关心，认真倾听，在伙伴观点的基础上不断完善。在邵老师所观察的小组中，孩子们把"野草"和"蜂蝶鸟雀"看成两种不同的类型，而在春雨老师的提问中并未进行区分。实际上再回到文本斟酌一下，"野草"和"蜂蝶鸟雀"还真是有些不同。野草是因为认为百合和自己是一模一样的，所以满不在乎，或者是出于嫉妒；而蜂蝶鸟雀觉得百合所处的位置偏僻险恶，就算开花也无人欣赏，似乎蜂蝶鸟雀，还是出于对百合的同情和怜悯，有点"好心人"规劝的意味。对文本的解读是没有止境的，学生的观点如果都能够得到倾听和尊重，我们对文本的理解将会加深一层。

有的老师没有做观察员的经历，所以还没有学会静下心来观察，看不到学生之间的相互倾听的默契，这需要观察员先把自己清空，一心放在对学生的倾听上，真正了解学生之间的观点是如何相互串联和交织的。比如我组内的梅梅同学提出"百合花是默默无闻的，它用开花来证明自己的存在"，这句话被组内所有同学论证过。他们彼此倾听，相互串联，所以他们的观点是杂糅在一起的，互相印证和衬托。有一个情况让观察员老师们百思不得其解，为什么站起来回答问题的学生总是不如组内讨论得好？这个现象我关注过。因为我们喜欢提问爱举手、爱发言的同学，但他们的思路往往会比较混乱。最后一位发言的同学说得很完整，是因为他是踩着那么多人的脚印走上去的。他是一个认真倾听的同学，他把所有的角度都想清楚了，然后提炼出一个完满的答案。我们在培养学生的时候，不要让学生急于发表，而是要培养学生的倾听能力，当然，给他们均等的发言和展示的机会也很重要。

百合花开成了百合谷

在这次《百合花开》的课例中，大家都看到学生投入地学习以及他们的精彩观念的诞生，所以对春雨老师的课堂赞赏有加。这次的成功经验对春雨老师起到很大的激励作用，后来他不断地上研究课《苦瓜》《壶口瀑布》《爱莲说》，还在兄弟学校上了几次《百合花开》。他不断地进行研究性的尝试，为此做了很多的努力。作为语文老师，他觉得要提高自身的文本解读能力，否则在学生进行研讨的时候，很难接住他们抛过来的球。于是他开始痴心于文本解读，跟着语文学科专家李冲锋博士研究文本解读，还把李博士推荐的孙绍振教授的《文本细读》等专著啃了好几本；为了能够设计"冲刺挑战性"课题，他又到宝山教育学院参与"问题化学习"的研究；其他老师开课，春雨老师都来做观察员；春雨老师开课，他会把所有伙伴都找来，一起做课例研究。他说现在进入了一种如痴如醉的状态，他把那些曾经束之高阁的专业书全都拿来阅读，每每读来都欣然忘食，用春雨老师的话说，他品出语文的味道，找到了语文教学的门道。春雨老师迅速成长，在同龄的青年教师中脱颖而出，并成为"特级教师李百艳工作室"的成员。春雨老师说，现在能够与这么多语文学科的大家、这么多教育专家对话，感到特别有成就感，能够互相理解、互相支持、共同发展，这样的感觉真好。

此后，春雨老师的《百合花开》在南汇五中的课堂上，在四川藏区的课堂上都试教过，我能够深刻感受到春雨老师的变化，他的身体姿态越来越柔软、节奏沉稳坚定，在带领学生揣摩文本的过程中，娴熟地串联和反刍，语文的功底越来越扎实。看到这个完全不同的春雨老师，看到春雨老师焕然一新的姿态，我不禁在心里说："春雨老师的'百合花开了'。"春雨老师不但自己上课，而且还带领一个研究团队不断实践，如同百合花一样灿烂明媚。我很喜欢春雨老师在《百合花开》一课上送给学生们的一句话："你若盛开，清风自来。"这正是春雨老师珍贵的人生体验吧。

课堂进化原来是这样展开的

一、充分进行课前准备：文本解读 + 问题设计 + 倾听准备状态

有人认为学习共同体的课堂上，老师主要是倾听，讲的不多，所以可以偷懒。提出这个观点的老师基本上没有上过学习共同体的课，甚至没有做过一个合格的观察员，更没有参与过备课。经历过学习共同体备课的老师往往都感觉非常累，不是身体的疲劳，而是一种全方位的自我挑战。从语文课的角度来说，

备课的第一步还是文本解读部分，学习共同体课堂的老师，不但要对文本进行深入解读，对文本的内容、写法、背景等进行深刻分析，而且要据此来进行"学习设计"，即老师读透了文本，但不能直接讲授给学生，而是要设计学习任务或者活动，让学生自己去体会、理解。这对于老师们来说无疑是极具挑战的。老师自己讲出来很容易，通过学习设计让学生自己体会到，却着实不易，难倒了很多"英雄汉"。学习设计是一种新的课堂设计思路，现成参考资料不多，这无疑增加了备课的难度。春雨老师为了设计具有认知冲突的问题，费了好多心思，否定了很多方案，本来认为问题设计得很好，可是真正把问题抛给学生的时候，学生的反应并不理想，于是再思考"问题"到底出在哪里了。问题设计不但要有趣、有挑战，还要与本文的教学目标相吻合，要能够引领全文的分析，这确实不是一件容易的事情。春雨老师说他备课从来没有这么累过，原来那些驾轻就熟的东西，都不适用了，要将文本、问题、学生串联起来重新思考，几乎每一步都会遇到困难，但是也有种"痛并快乐"的感觉，因为可以突破原来的教学习惯，打破束缚和框定，有一种"新生"的感觉。

当老师用这样的方式备课时，是做好准备要去倾听的，但对于熟悉讲授的老师们来说，总会有一种惯性的力量把我们不断拉回到原来的套路中去，所以要不断与自己的惯性做斗争。老师要主动放弃教的姿态，而是抱着学习的态度，与学生一起研究文本、研究未知世界，这需要老师战胜惯性，不断超越自己。老师放下身段、俯下身来，才能听到学生的声音，从讲台中心到学生中间，从自我的世界到学生的内心世界，我们要走的路真的很长。

二、倾听、串联、反刍：民主机制与即兴创造的统一

佐藤学用"倾听、串联、反刍"六个字概括了学习共同体课堂，老师要做事情，而这些事情并不像字面上写得那样简单和轻松。倾听不只是用"耳朵"，

而是全身心地投入，倾听代表了尊重、全神贯注及对话语内容的理解，还代表了对说话人的充分理解、认同，而且面向的对象不是一两位资优的学生，而是面向全体学生。在老师的头脑中一直有一种内心的准则在判断和衡量：这样是在倾听了吗？我倾听了谁？我倾听到了什么？我倾听到的内容与课题本身的关联表现在哪里？还有谁，还有什么我没有关注到？老师要倾听学生，要倾听自己的声音，还要倾听学科课题本身的要求，这是一个极其困难的权衡过程。老师做出的每一个即兴的判断，都会对学生的思考和课堂的走向产生影响，老师们几乎每时每刻都要做出判断，无论是否深思熟虑，课堂的即发性有时候让人来不及思考，靠一种潜意识和习惯性的力量牵引前行。什么时候应该停下来，哪个同学的观点值得再反刍，课堂的进展是否来得及展开，这是老师作为专家必须做出的判断。而这种判断的前提条件是，我们的心中时刻都装着这些学生，能够全身心接受和悦纳这些学生，能够珍惜他们的思考、观点和发展的可能性。在研讨的时候，大家提出组内讨论的观点异彩纷呈，但在公共发表的时候却没有组内讨论那么精彩。要解决这个问题，就要形成一种民主的机制——每个人都有机会发表观点，不用举不举手来衡量，把发表观点作为每个人的天然权利。所以打破"举手—提问"的习惯，形成每个人机会均等的机制，才能从根本上解决这个问题。这些民主机制的形成和稳定是保护所有学生学习权的重要方法。

三、引燃内在发展需求，会让老师加速成长

教师的专业发展是这些年来非常热门的领域，对于很多老师来说，为了获得相应的学分，反复接受各种各样的培训，常常是疲于奔命。到底应该给老师培训什么？这件事情难倒了相关部门。有人说教师缺少"本体性知识"，有人说是缺少"学科教学知识"（PCK），有人说是缺少"教育教学方法"。光是新名词就已经让人备感迷惑了。老师们按部就班地参加培训，获得学分，但是这

些培训获得的东西在课堂上似乎没有发挥太大的作用，老师和培训材料之间永远是隔着什么。从春雨老师的身上，我看到了一种完全不同的专业成长方式。春雨老师参加黄建初老师的工作室，黄老师的带领方式是"读书、交友、写文章"，春雨老师逐渐进入一种研究的状态，他上课也抱持一种研究的心态，不愿重复过去，总希望有所突破、有所创新。也正是因为这个原因，春雨老师逐渐成为课例研究的骨干成员，他通过学习课例研究方法，建立同伴关系，逐渐形成了一种专业的信任感。然后，他以积极的姿态开放自己的课堂，把每一节课都作为研究课来看待。于是他不断地去学习、读书、思考、实践，一心追求他理想中的课堂。

春雨老师让我看到了，如果一个人的内心是燃烧的，周围的所有东西对他来说都是"可燃物"，学习和研究无处不在，这就是真正的专业生活。专家型的教师不是培训出来的，也不是培养出来的，而是自发成长的，是一个自然而然的过程。让每一位老师都走上真正的专业发展之路，这是我们未来努力的方向。

四、公开课的价值：课堂观察与研讨方式亟待变革

毋庸置疑，公开课是老师成长的一个重要平台。春雨老师的成长与愿意公开自己的课堂有着很大的关系。每一次公开课，研究伙伴们来做观察员，共同分析课堂中学生的表现、文本解读，遇到问题共商解决策略。眼看着春雨老师一节公开课一个台阶，快步前进。但并不是每一个老师都愿意公开自己的课堂，这与我们的教研习惯有很大的关系。在传统的公开课中，执教老师作为"受批判对象"，来听课的老师常常是"三个优点、两个不足、一条建议"，教学研讨要么就是"蜻蜓点水""一带而过"，要么成为"批斗大会"，有时候甚至评课人与执教老师之间会发生冲突。这就使得执教老师内心顾虑重重，即便是最优秀的老师也免不了出现漏洞，即便没有漏洞也会有不同教育理念的争议，所以执

教老师的压力非常大，上公开课往往要备一个滴水不漏的详案，而且要确保万无一失。所有的听课者都盯着老师的一举一动，任何一点纰漏都会引起重视。无论是执教老师还是听课老师都是神经紧张、如临大敌。公开教研本意是让大家相互切磋教学经验，共同面对困难，解决专业问题，但现在往往转化为专业晋升的评价机制，所以大家往往"谈公开课色变"，即便是上公开课也变成了"表演课"。这种教研方式不改变，老师们开放课堂、共同研究的氛围就难以形成。

虽然现在一些学校也在尝试进行课堂观察和课后研讨的改进，但从总体上来说，都是带着明显的评价机制进行的，观察量表本身就是带着分数的，对老师执教的方方面面都要进行评判，这对老师们来说难以接受。只要有评价，就有权力关系，不解构这种权力关系，公开课就难以持续。在学习共同体的课堂上，研究伙伴成为观察员，不是观察和评价老师的教学行为，而是观察学生学习的真实发生，观察员在研讨的时候尽量不评价、只描述，这既能给执教老师提供详尽的课堂现场的信息，又能给每一个观察员提供自我反思的机会。因为课堂中每个孩子的变化过程对于平时没有时间观察的老师们来说都是弥足珍贵的，老师们会真正了解"原来孩子们在这里会产生困难，发生问题"或者"原来孩子们的学习能力这么强"等，对学生理解的不断深入，对每一位老师来说都具有很好的启发作用。通过以学生学习为中心的课例研讨活动，老师们会越来越互相信任，形成相互支持的关系，这就是"同僚性"的形成，在这样的群体动力的推动下，越来越多的老师将自觉进入专业成长状态。

学习共同体：走向深度学习
——十年回顾与未来展望

后记

　　2007年开始接触学习共同体的真实课堂，十年时间里，我和各位教育同仁、伙伴一直致力于学习共同体的研究与实践。对于学习共同体的本土化实践来说，十多年时间里，我们不断地突破和超越，"草根式"的革命正显示着强大的生命力。面对教育和课堂的种种困境，我们没有一味去抱怨、等待，而是自觉地行动起来，去观察、去思考、去改变，哪怕每天只能前进毫寸，十年后我们也已经走出了一条真正的改革之路。在这条路上，我们与越来越多的志同道合者相遇，我们彼此尊重、彼此信赖、互相关怀、共同学习，超越已知，走向新的探索与发现，这就是学习共同体的真谛。

一、东京大学的回忆：异国所见所学种下了课堂变革的种子

　　2007年我在华东师范大学读博士，师从钟启泉教授。在国家留学基金委的资助下，我到日本东京大学佐藤学研究室，进行了为期一年的研究活动。

1. 学习共同体的课堂风景

　　佐藤学教授带我们去参访的学校绝大多数是学习共同体的学校。走进这些学校和课堂，有一种特别宁静、淡然的感觉。与传统的强调刚性纪律和硬性管理的学校不同，学习共同体学校中的老师和学生的姿态都非常柔软、谦和，彼

此尊重和信任，课堂上没有齐刷刷举起的小手，也没有争相发言的"盛况"，所有人都是安静地等待、平静地守护，互相倾听，彼此包容。老师没有忙于赶进度，而是精简了学习内容，更加注重从学生的角度进行学习设计，让学生自主思考，相互探讨，有序地发表，老师们则是静静地倾听每一个学生的发言，不慌不忙地进行记录和串联。所有的孩子在这样的课堂上都可以安全地说出自己的想法，每个孩子的想法各具特色，并受到尊重和接纳。进入这样的课堂，让人内心温暖而舒畅，自然而然地进入学习状态，这或许就是最为理想的学习状态吧。

2. 研究活动的展开和研究方法

佐藤学教授主要给博士生们上三门课：一门是课例研究课，一门是现场研究课，还有一门是论文指导课。在课例研究课上，佐藤学教授将课例录像播放给学生们观看并进行研讨，最后进行总体的点评。佐藤学教授的点评往往围绕学生的学习状态展开，他甚至会对每位学生的学习状态进行分析，同时还会结合目前国际上引发广泛关注的教育流派或者现象进行剖析。佐藤学教授对个体化学生的关注，对教师以及教育现场的理解与关怀，以及国际比较的视野与方法都令我印象深刻。

现场研究是佐藤学教授带着我们到学习共同体学校参访，并进行全校性的课堂观察。学习共同体学校开放日的课例研究非常有特点，上午四节课所有的课堂都开放，教室的前后门都打开，本校没有课的老师、大学的研究者以及其他学校的老师可以作为观察员进入课堂观察，每一位观察员都可以拿到一份学校的课表、班级的学生名册等，可以根据自己的意愿进入相应的课堂进行观察。下午则是焦点课堂，一位执教老师开课，所有的教师和研究者都作为观察员进行观察，因为观察员的人数往往会超过200人，所以这样的焦点课堂往往都是在学校的体育馆里进行。我看到老师们观课的重点已经发生了变化，他们不会坐在最后一排观察执教老师的教学过程，而是以流动的方式观察每一位学生的学习过程。在课后研讨的过程中，老师们四人一组，互相汇报自己所观察的学生的学习情况，每个人观察的点都有所区别，但是每个人的意见都被接纳和包容。然后每个组的代表会分享他们在课堂上的发现，共同探讨学生学习的奥秘。

3. 博士论文写作与中日教师访谈

我的博士论文是《教师实践性知识及其生成机制研究——中日比较的视角》。为了研究中日两国教师对教学的不同观点，我采用了中日教师同课异构的方式来展开。因为中日两国语文教材中都有鲁迅先生的《故乡》一课。于是我在静冈县和上海分别请一位老师来上《故乡》一课。然后两个地区各请14名老师对这节课的方方面面进行点评和研讨，把中日两国28位老师对这节课的看法以及自己的教学经验按照"实践性知识"的研究点提取并整理了关键信息。经过六个方面的对比研究，我竟然真的找到了很多不同点，随着对这些信息的不断提取和加工，我感到自己越来越接近想要的答案了，那种即将有所发现的兴奋感，让我马不停蹄地写作。

随着研究的不断深入，我也越来越为教育的现实感到不安。鲁迅先生的《故乡》是经典名篇，20年前，我也曾经学习过。令我感到奇怪的是，现在上《故乡》这节课虽然应用了一些多媒体手段，但是教师的教学方法、文章主旨、学生听课的方法几乎与20年前没有任何变化。

日本老师看过中国老师的《故乡》的课例录像后，纷纷提出了不同见解。他们说："现在的情况全都变了，学生和家长都不一样了，如果还用原来的方法，学生和家长都不会满意。"他们所谓的"原来的方法"，就是那种大量的、快速的知识灌输，较少考虑学生的个性特征、接受程度，老师只要从头到尾把知识点讲出来就好。这是几十年前日本教育的真实写照，而我们仍然在重复这样的教学活动。在这样的课堂上，我看到学生的疲惫、无奈，同样也看到老师们的无奈和不安，我们每个人都是教育体系中的一员，有谁能够独善其身呢？[1]

---

[1] 具体分析内容参见陈静静. 教师实践性知识论：中日比较研究[M]. 上海：华东师范大学出版社，2011.

这个时期我读了很多关于日本教育改革的书，包括佐藤学教授的很多专著，如《教师这一难题》《教育方法学》《新时代的教师》等日文原版书，因此，也了解到教师这一职业的困境。佐藤学教授长期与校长、老师一起工作、一起研究，非常了解老师的处境，所以他总是带着同情与悲悯的心情看待教育领域中的每个人，同情老师也同情学生，所以他的研究带有很强的人情味。对于这样的书，我不会陷入单向度地对教育现实的指责和批判，而是拥有在困难中建构的勇气。所幸的是，我并没有因此放弃努力，我不断地对自己说，事情总会向好的方向发展，于是在低沉过后，我又开始前行了。

二、课例研究不断深化：课堂变革的种子破土而出

1. 通过大量观课研课了解真实的课堂生态

2009 年 5 月，我的博士论文完成，并顺利通过答辩。同年 7 月，我来到上海市浦东教育发展研究院工作。当时，学院规定每个进入学院的研究人员都要到中小学见习三年，三年中，我到华东师范大学附属张江实验中学、建平中学、福山外国语小学等学校进行长期的研究。因为我的研究兴趣一直在课堂教学，所以几乎每天都在课堂上观课，并与老师们共同研讨，三年的时间里，我全情投入地去观察学生，尝试去分析和解决老师们遇到的问题。我当时并没有具体的研究目的，只是用自己的眼睛、耳朵和心灵去观察与体会，我乐于了解课堂内外的每一个人，每一件事情，不关乎任何外在的目的，就是单纯地喜欢，被课堂中学生学习的奥秘吸引，着迷于课堂中发生的真实事件。对于学校、对于课堂、对于老师，我越来越熟悉，我会设身处地地把自己想成一个学生，从学生的角度来分析课堂上发生的具体情境，和老师们一起来分析这些情境。我看到老师或者学校遇到这样或那样的困难，就想帮他们解决困难，于是就去读相关的书或者干脆自己琢磨、研究，实践中的问题和困境推动我的研究不断深化。

在不断解决课堂实践中的问题时，我发现现实的问题看似杂乱，但总结出

来还是有一定的逻辑的，这也就是所谓"实践的逻辑"，"实践的逻辑"是不管现实多么"不理想"，但这就是现实，存在就有其合理性，如何理解、解释这种合理性，又如何解构这种合理性？加入新的要素，渐进式地改变实践的具体样态。这样的研究成果往往是与实践充分协商得到的。课堂的转型、教育生态的改变最终要通过教师们的双手去改变，即便是实践取向的教育研究者，也无法通过自己的双手去改变一个个课堂，一个个学校，因此能够理解教师的立场和实践的逻辑就难能可贵。

2. 基于学生真实学习历程的课堂观察撬动课堂变革

我一边做课堂实践研究，一边再次研究佐藤学教授的著作，在这个过程中，我还翻译（或合译）了《教师的挑战》《新时代的教师》《教师花传书》等教育名作，结合自己的实践，不断品味其中的深意。另外，每一次课堂观察和参与，我都认真做笔记、照相、录像，并在课后与老师进行大量的研讨，我将其称为"聊课""研课"。我在华东师范大学附属张江实验中学、建平中学、福山外国语小学、高东中学、沪新中学、南汇四中、光明学校、世博家园实验小学等学校做过长期的课例研究，最开始几乎每天都要观摩4节课，研讨2节课，这样的研究频率让我深刻地理解教学的真实情况，也更多地了解一线老师真正关注的东西以及他们的困惑和向往。

研究过程中，我积累了大量的课例研究素材，我拍摄的课例录像装满了硬盘和电脑，正像佐藤学教授所说的那样"没有一节课是令人失望的"，因为在我看来，教学本来就没有什么成功与失败之说，我所看到的是教育的真实，这让我不断地学习和反思。同时，我也与很多老师成为推心置腹的朋友和伙伴，这为进一步开展课堂转型的变革提供了可能。

在不断实践和总结的基础上，我们首创了"基于焦点学生完整学习历程观察与关键事件分析"的课例研究方法，而且进一步深化了课后研讨和改进的方式，并探索了培训教师进行课堂观察和研讨的策略与方法。让每一位老师都可以参与进去，真正向学生学习，在课堂观察中找到反思和改进的线索，并使课例研究真正走向老师们的日常研究生活，撬动老师的课堂变革。

经过三年高频率的课例研究，我们开始与老师们共同思考如何来变革课堂的问题。我们的课例研究和改进都是建立在实证的基础上的，我们始终秉承着"不简单评价教师教学'好坏'"的原则。在得到老师和学生同意的情况下，我们会对学生学习的情况进行详细的记录，包括拍照和录像，课后对学生的学习情况进行细致的分析，老师们从来没有如此精细地进行过关于学生学习的研究，因此对我们发现的学生的学习状态充满了好奇和期待，当我们把学生的学习情况以录像的方式具体地呈现给老师，并与老师进行沟通和对话的时候，他们往往能够借此理解教学的改进方向。

如果老师有改进的意愿，我们就与他们共同研究改进策略，共同备课，进行下一轮的教学改进。每一次课的观察点不同，研讨的主题会有所差别，经过三四轮的课例研讨，老师会对课堂的方方面面有更多新的体会和反思，对如何形成一种"保障所有学生学习权"的课堂的认识越来越深刻。

3. 与教师共同实践，形成突破性研究成果

我们有时候长期跟踪一位志愿者老师，对这位老师的课堂教学进行全面的研究；有时候是与一群老师合作，因不同学校、不同学科学段的老师看待问题的方式都不一样，所以我们还要考虑如何让老师们形成一些基本的共识。我们不但深刻理解了课堂本身，而且更清楚要营造氛围，带动团队，形成一种互相学习、互相鼓励、互相支持的氛围。课堂改革的经验在不断积累和叠加，并且在团队的努力下进行迭代，我看到了团队中老师们的迅速成长，我也更加坚信学习共同体的方法不但可以带动课堂转型，而且可以建立一个互助共生的团队，教师改变了，课堂才会改变！

随着研究的不断深入，我们的研究成果逐渐多起来。相关的论文、报道也在增加，我们团队的研究成果《跟随佐藤学做教育：学习共同体的愿景与行

动》，2015 年在华东师范大学出版社出版以后，在全国引起了热烈的反响，并被评为 2015 年"最受教师喜爱的 100 本书"，我翻译（或合译）的《教师的挑战》《教师花传书》《新时代的教师》也得到很多校长和教师们的喜爱，都被评为当年的"影响教师的 100 本书"。我们还在《教育发展研究》《全球教育展望》《上海教育科研》《中国教师》等权威期刊上发表《课堂的困境与变革：从浅表学习到深度学习》《创新素养培育的实践误区与解决方案》《佐藤学"学习共同体"教育改革方案与启示》等高质量的论文，并被《新华文摘》《人大复印资料》等全文转载。这样的学术积累使得我们的研究和实践在更大范围内产生了影响，于是有更多的人加入，我们也有了更多的学习机会，我们对于学习共同体的认识再次深化。

我们开始探讨如何在所有学科进行"学教翻转""让学生进行高品质的学习"的课题，这样的探索是学界关注已久的，但是在实践层面如何将这样的教育理想转化成一节节真实的课，特别是在语文、数学、英语、历史、政治、物理、化学这些基础学科当中去落地，还有很长的路要走。

正如很多校长所说的那样："课改那么多年了，学校是十八般武艺都用上了，但是基础学科却是没人敢动的，大家都在观望。"我们在这里走出了一条路，所有的学科、学段我们都在进行系统化的研究，而且已经取得了初步的成果。

同时，我们还将学习共同体的方法用于教师的研修和学习活动中，让每一位老师都可以获得分享、交流的机会，每个人都被关怀、被倾听，从而更加理解学习共同体的作用。"一切与人有关的领域都适用学习共同体的方法"，这是我的经验，不是"灌输而入，而是引泉而出"，这样的方法才能真正让人获得学习的自由和思考的自由。在这个过程中，原本很多看似普通的老师都快速成长起来，更加坚定了我们努力的方向。

三、系列化研究坊：课堂变革开花结果

课例研究持续了七年，这期间我们的同伴不断增加，参与的学校也在不断

增加，一直坚持下来的伙伴们已经在学习共同体的研究方面有了很深的造诣了，大家都在期待能够彼此交流，互相学习，而且也希望得到进一步的引领和发展。正在此时，产生了一个契机，2016年6月佐藤学教授来上海访问，借此机会参访了浦东的一所小学——东方小学。因为我们前期有深厚的学习共同体研究和实践的基础，听说佐藤学教授要来浦东指导，浦东的教育同仁都前来参加。当天佐藤学教授在东方小学观摩了一节戏剧课和一节美术课，佐藤学教授就艺术教育的意义以及如何通过艺术教育来培养学生的创造力进行了一个多小时的即兴演讲。这也是他在国内唯一一次围绕艺术教育进行的演讲，一起研讨的同仁感到很受启发。

佐藤学教授回国以后，浦东的研究伙伴们提议，应该在暑假期间做一次研讨活动，我们可以把日常积累的课例都拿出来，借此机会好好分析一下，进一步确立下一步的实践方向。我们当时确定的规模是20人，主要是核心研究团队来参加，不请专家做报告，每个人都平等研讨、充分参与，研讨时间是4天。开暑期工作坊的时间确定了以后，伙伴们各自准备。浦东教育发展研究院的张娜博士、王丽琴博士、黄建初老师、杨海燕老师、曹明老师、徐榕主任、姜美玲博士等都是第一届学习共同体暑期工作坊的发起人。

令人意想不到的是，学习共同体工作坊的想法确认下来以后，大家参与的积极性非常高，在不到一周的时间里已经有100人报名。因为需要更大的场地，我们与东方小学、浦东中学、世博家园实验小学、南汇中学取得了联系，王万红校长、倪瑞明校长、冯征峥校长、王海平校长四位校长大力支持，四所学校都乐于承办此次活动。考虑到地理位置和会场大小，最后确定由东方小学和世博家园实验小学承办，地点则选在浦东中学和世博家园实验小学。

此次暑期工作坊中，我们提出了自己的主张，即学习共同体的工作坊就要按照学习共同体的方式来进行。参加工作坊的有以钟启泉教授为代表的多位专家学者，还有一线的校长、老师，与会的每一个人都有席卡，会场以4人一组的方式布置。每个组都有海报纸、彩笔、便签等，用以讨论和展示。没有专家讲座，上午播放课例录像，选取录像中的典型场景，由一位主持人来介绍情况，所有人通过小组讨论和展示，对课例展开讨论。下午主要是对《教师的挑战》《学校的挑战》两本书进行共读和研讨。

上午的课例研究中，我们观看了日本和中国教师的课例录像，每个人各抒己见，其中不乏一些矛盾和争议。我记得第一天，我就和李冲锋博士激烈论战起来。现在想想当时的场景，我们之所以如此投入，正是出于对中国教育问题真正的关切。下午的共读就是把上午课例情境中所呈现出来的问题进行梳理，通过读书的方式与佐藤学教授进行对话，从而逐渐明晰解决方案。与上午的唇枪舌剑不同，下午的共读每个人都非常安静，选取篇章，20分钟自读，每个人都在与大师对话，也在与自己进行心灵的对话。学习共同体的愿景与方法开始在每个人的头脑中清晰起来。每天的研讨结束时间设定在下午4:30，但是每天都拖到5点以后，最后一天甚至到了6点多钟，每个人都愿意说出自己的所学、所想。我当时流下了激动的泪水，讲了很多，我之前很不擅长当众讲话，但是那一次，因为每个人的敞开心扉、真诚和关爱，我也开始能够自由地表达自己，那是一种非常美妙的感觉。真诚给了我们最可贵的力量。很多领航教师都是从那次工作坊当中走出来的，王晓叶老师、程春雨老师、芮莹老师等经常会回忆对暑期工作坊的独特感受，他们都觉得那种完全平等的、相互倾听的环境，令人产生了表达的愿望，也投入了更多的情感，这样的研讨让人感受到"我"和"我们"是多么的重要。即便"我"是普通人，但在"我们"之中，"我"是被包容的、被尊重的，因此每一个小"我"都分外强大了，这就是学习共同体的力量！

2017年第二届、第三届学习共同体的暑期工作坊变成了"领航教师研究坊"，只有研究才能让我们找到出路。与会者不但有来自上海的，还有来自全国各地的学习共同体的践行者们，从第一届的100人发展到第三届的500多人。因为场地的限制，我们没有办法让所有愿意学习的老师都参与进来，于是又推出了现场直播的方式，为更多老师提供参与的机会。2016年的暑期工作坊结束以后，在冯征峥校长的大力支持下，世博家园实验小学开始进行学习共同体的日常课例研究，其他学校的同仁不断加入，开放课堂、共同研讨的方式不断得到同仁们的认可和欢迎,自此世博家园实验小学承办了三届学习共同体的暑期研修活动。学习共同体的研究不断深入,老师们的实践也不断深化,互相学习,相得益彰。在第二届、第三届的研究坊中,学习共同体的种子播撒到全国各地优秀老师的心中。

  4天的研究坊内容设计完全根据一线老师的需求,倾听关系的建构、各个学科的专家讲座、共同备课、研究课观摩、模拟课、著作共读等,很多老师经过一次研究坊的培养,回到自己的班级就可以按照学习共同体的方式上课,我们还通过建群以及网络培训等方式展开全程支持。建平中学的郭歆老师参加了第二届领航教师研究坊,并主动尝试上研究课,也正是因为这样的尝试,她回到自己的学校开始用这样的方式上课,学生们特别喜欢,于是郭歆老师逐渐成长为上海的领航教师之一。泰州市姜堰区的郭建珍老师正是因为参加了第二届学习共同体暑期研究坊,不到三个月的时间就在自己的班级形成了良好的倾听关系,课堂风景为之一变,郭老师课堂变革的实践引发了当地老师们的效仿,姜堰区教育局林忠玲局长以郭建珍老师的课例研究为起点,掀起了姜堰区全区学习共同体变革的热潮。很多优秀教育管理者或者老师来参加领航教师暑期研究,都被震撼和感染,并引领本地区的改革。赤峰教育局的刘学民科长一直在进行课堂变革的探索,刘科长通过《中国教育报》的赵小雅主编联系到我们,参加了我们的研究坊和峰会,并带领赤峰的教育同仁进行探索和实践,成为学习共同体研究院的合作地区。目前赤峰的小学、初中和高中都在进行学习共同体的改革实践,并在当地的一些重点高中取得了很好的效果。

  我们希望通过研究坊这样的平台,让全国各地的专家和老师彼此交流,互相支持,特别是引导老师们进行教学的革新与创造,这三期暑期研究坊培育了很多优秀的领航教师,也让更多的学科专家加入我们的研究团队中来。每位老师如同一粒种子,种子在哪里扎根,就会萌发出一片绿意;每位老师如同一艘白帆,白帆飘在哪里,哪里就成为一片港湾。每一位老师的创造都被认同,每一所学校的努力都被尊重,通过大家在更大的平台上不断互动、交流、共商、互学，一定可以引领更多的学校和老师前进，相信通过教育系统内外的共同努力，"保障每一位儿童高品质学习权"的愿景将会在我们的行动中逐渐变成现实！

四、真爱梦想学习共同体研究院成立：课堂变革之花处处开放

1. 从上海到云南再到马尔康，梦想的力量带我们前行

系列化课例研究和研究坊的不断开展，让我们与更多的人联结起来，我们看到教育真的在牵动所有人的心。2016年年底，上海真爱梦想公益基金会的潘江雪理事长联系到我，并派了团队的四位负责人与我交流。2017年3月，基金会的云南大区经理谈杨老师给我发了一份邀请函，请我到云南省个旧市支持当地的课堂变革。

我接受了邀请，当时印象最为深刻的是个旧市真的好远，我早上6:30出门坐地铁到虹桥机场，坐了近3个小时的飞机到昆明，又坐了6个小时的大巴到个旧，当我和基金会的毛华华老师赶到个旧车站的时候，已经是晚上7点多，一整天都在路上了。在个旧车站迎接我们的是身材瘦削、穿着T恤、完全是大学生气质的谈杨老师。听他讲自己的故事才知道，谈杨是常州人，毕业于南京大学新闻系，毕业以后几乎都在云南支教，看到云南的孩子得不到理想的教育，谈杨老师内心倍感煎熬。进入基金会以后，他成为云南的大区经理，对于他来说，云南已经成为他的第二故乡，他要尽自己最大的努力为云南的学生和老师提供资源与方法。

第二天在个旧四中的梦想教室里，聚集了一批想要进行课堂改革的校长和老师，个旧当地教育局的领导也在现场。我先是给校长、老师们讲解了学习共同体课堂的愿景和方法，然后给当地初三的学生上了一节课。我记得很清楚，当时学生们走进课堂的时候，眼睛里充满了迷惑，因为马上就要迎考，所以他们的眼睛里已经看不见光彩。一小时的阅读课，我设计了两个学习任务，然后让他们思考、表达自己的阅读心得，学生们从刚开始怯生生地不敢回答到争先

恐后地到黑板上写自己的想法,这个变化过程如果不是亲眼所见,我自己也不敢相信。下课后,学生们并没有离去,他们原地鼓掌,排队来我这边要求我留下联系方式,学生们对这样的课堂如此喜爱,出乎我的意料。现场学生们久久不肯离去的场景,让校长和老师们震惊了。原来还有这样的课堂,安静、美好,学生们静静地投入学习,不愿离开。

从那时开始,云南个旧的研究和实践就一直没有停下,几乎每个月都有大型的活动。个旧的学习共同体变革静悄悄地影响着云南的其他地区,参与的学校越来越多,活动也越来越大。我们逐渐参与真爱梦想基金会的校长论坛和局长论坛,学习共同体的培训得到了越来越多的学校管理者的关注和支持。我们还跟随潘江雪理事长到马尔康,在这个"火苗旺盛"的地方,与老师们共同探讨课堂的秘密,老师和学生们的学习热情让我们看到,不但在经济发达的大城市,而且在马尔康这样的边疆地区,人们同样需要这样的引领变革的力量,人们在自觉自发地进行各种探索,而我们要为这些探索的力量寻找出路。

2. 学习共同体峰会召开与学习共同体研究院成立

2017年年初,在基金会云南大区经理谈杨老师的努力下,上海真爱梦想公益基金会开始全面资助学习共同体的日常研修活动。经过一年的合作与酝酿,2017年12月,第一届学习共同体峰会召开,真爱梦想公益基金会学习共同体研究院正式成立。在真爱梦想的旗帜下,学习共同体有了真正意义上的组织架构和实体单位。这在学习共同体本土化研究与实践方面是新的里程碑。在此之前,学习共同体的论坛和课例研究活动是由研究人员、有意愿的校长与老师们自发组织的,是完全的"草根革命";学习共同体研究院成立后,每一位乐于参与学习共同体改革的同仁有了自己真正的家,为学习共同体的本土化实践确立了方向,进行了系统性的策划,组织各个层面的专家、校长、老师等教育同仁,共同面对和解决中国教育面临的现实问题,共同改善中国的教育生态。

在本次峰会上,来自全国各地的500多位同仁,就当前研究和实践中的热点与核心问题进行了深度的探讨，并且对各个学科的学习共同体研究课进行了深入的课例研究。我们保持着学习共同体的一贯传统，每一位参会的同仁都有机会发出自己的声音，我们的课堂观察和课后研讨是全员参与的，没有旁观者，每个人的观点都会被倾听、被关注，每一个人都在用自己的行动来践行学习共同体的理念。平等的个体发出不同的声音，最终这些声音汇成了和谐的交响乐。

在本次峰会上，确立了姜堰、赤峰、兴化、大连、滨海、个旧等合作地区，还资助了多个学校的课题研究，形成了全国性的学习共同体的发展态势。学习共同体研究院组织专家前往各地区进行系统化的支援，各个地区的经验和做法经过论证，也可以吸收到学习共同体的体系当中。我们希望学习共同体的理论体系与实践策略因为更多伙伴的加入而不断丰富，我们用行动在创造本土化的研究成果。

学习共同体研究院一直保持着贴近一线、贴近课堂、贴近老师、贴近学生的根本特征。我们用各种方式去支援个体教师的自发性变革、支持学校的学习共同体变革、支持区域性的教育生态变革，每位老师、每所学校、每个地区，也都在丰富和发展学习共同体的内涵。从这个意义上说，这样良性的联结与互动，给学习共同体以生命的动力和源泉，加速其在中国的本土化生长，让中国的教育真正枝繁叶茂。

3. 学生创新素养论坛：学生引领未来课堂变革

在 2016 年 10 月北京的学习共同体国际大会上，我结识了上海大学附属中学的郑艳红老师，她是上海市班主任郑艳红工作室的主持人，也是一位非常优秀的语文老师。她一直在进行课堂变革的探索，了解学习共同体也是从读佐藤学教授的专著开始的。回到上海以后，她邀请我与她工作室的学员进行交流，而且还克服重重困难不断来浦东参加课例研究。无论是小学还是初中的课堂，她都来做观察员，并乐于与老师们分享她的观察感受，还将自己的观察心得写成文章，不断累积经验。

郑艳红老师行动力特别强，她在自己新任教的高一开始学习共同体的实践。

半年以后,她请我去听课,进入她的课堂,我对学生的学习能力感到惊叹。原来,如果我们让学生自由地思考、充分地表达、真正地倾听、大量地阅读,学生们到了高中就可以达到这样的水平。我真的觉得这些学生对文本的理解深度、表达的成熟度不亚于优秀的学科专家。

郑艳红老师所带领的这个班级多次参加过学习共同体的大型研究和研讨活动。记得郑艳红老师带着这些高中生到平和学校上公开课《变形记》,课上学生们围绕着"为什么卡夫卡将格里高尔变成一只甲虫",分析了格里高尔的人性、兽性与非人性,学生不但对文本进行了充分的解读,还结合当时的社会经济文化背景以及卡夫卡的个人经历,对人性的复杂性和不确定性进行了彻底而深刻的分析。课后这些学生意犹未尽,与老师们共同研课,学生们对于课堂的理解甚至比老师还要深入,他们以亲历者的身份回答老师们提出的各种问题——"学习共同体与小组合作学习有什么区别""学习共同体中如何分配话语权""学习共同体的课堂对学习成绩有怎样的影响"等等,学生们妙语连珠,老师们掌声不断。

这些高中生还针对学习共同体的课堂写了很多心得体会,郑艳红老师把这些体会收集起来竟然有上百篇,其中《中国教师报》还刊发了多篇学生们的文章。而且蔡龙浩同学为此提出了一个研究课题"高中生的问题提出路径研究",荣获了上海市创新大赛一等奖。这些学生对学习共同体课堂极为投入,老师和家长都看到了他们的变化。他们所表现出来的学习能力和研究素养,让我们这些专业研究者汗颜,于是我们突发奇想:这个班级的学生完全可以成为培训者。

2018年年初,我们就在考虑如何让这个高中班的学生——学习共同体第一批"领衔学者"发挥更大的作用。于是在学习共同体研究院的支持下,这个班级的40多位学生开始策划和组织"创新创造创生——学生引领未来课堂变革"的论坛,邀请平和双语学校、建平中学、建平实验中学、华东师范大学附属第二中学的学生们前来参加。学生们通过课题成果讲座、辩论、公开课、答记者问、发明展示、才艺表演等方式向与会老师们展示了高中学子的风采。看到学生们自由地表达自己对教育的看法,理性地分析当前课堂中存在的问题,热烈地讨论教育改革的困境与出路，老师们感到震惊，不禁感叹，我们对于学生还是太不了解了，原来学生们这么了不起。我们提出了一个倡议——"课堂改革再也不能让学生缺席"。在这次论坛上，我们成立了"学习共同体领衔学者联合会"，也是从这次论坛开始，我们所有的大型研讨活动都将学生的演讲作为主旨发言，在我们看来，学生们才是课堂的真正主人，而他们的心声正是我们应该去倾听的，学生的发展是学习共同体课堂最好的代言！

4. 学习共同体课改中国行：把课堂变革的种子播撒开去

学习共同体的研究和实践也引发了教育媒体的关注，《中国教师报》《中国教育报》《教育发展研究》《中国教师》《教师月刊》《第一教育》《上海教育科研》《上海教育》等媒体的专家们，如雷振海副社长、褚清源主任、林岚主编、程晓云主任、马敏博士、徐士强博士、陈骁主编、赵锋主任等多次莅临学习共同体的暑期研究坊和年底的峰会，《教育发展研究》《上海教育科研》《中国教师》《第一教育》等期刊、媒体多次刊发学习共同体的研究与实践成果，《中国教师报》《教师月刊》还为学习共同体开辟了专栏。老师们的研究成果与实践心得源源不断地得到发表。学习共同体的课堂建设要求每一位老师成为研究者和学科专家，同时也要求研究者要深入实践，成为一线的观察者和实践者。这使得我们的研究具有理论与实践的双层意蕴，我们所研究的问题是一线课堂的真实问题，我们的研究被一线面临的问题推动，因此具有更深刻的现实意义。从实践问题出发，分析问题、寻找解决策略，并进一步上升为理论，这样的研究可以说是最具有真实意义的研究，这样的实践是经过充分论证的实践，是具有前瞻性和科学依据的实践。

《中国教师报》的褚清源主任一直关注课堂变革，而且一直在引领校长和老师们真正进行实践，形成了《中国教师报》的特色活动"课改中国行"。褚清源主任一接触到学习共同体的课堂，就提出：学习共同体解决"合作难""合作痛"的问题，能够让学生进行高品质学习。因此，每次学习共同体的论坛和峰会，都能见到褚清源主任的身影。在中国教育报刊社雷振海副社长和《中国教师报》褚清源主任的倡议和推动下，我们将"课改中国行"更名为"学习共同体课改中国行"。从2018年开始"学习共同体课改中国行"正式启动，《中国教师报》带领学习共同体的研究者和领航教师到山西、云南、海南、上海、内蒙古、浙江、宁夏等地，将学习共同体的理念和方法带到全国各地去，为推动全国性的课堂变革与教育的均衡发展做出了贡献。

五、未来展望：学习共同体的系统变革之路就在前方

十多年来，因为那么多人的鼓励、支持、参与，我们的研究与实践持续推进，不断开花结果。感谢那些一直信任我们、支持我们的学术前辈、校长和老师们——日本东京大学名誉教授佐藤学先生、华东师范大学名誉教授钟启泉先生、美国天普大学终身教授雷昂纳多·沃克斯（Leonard J. Waks）先生、英国纽卡斯尔大学教授林梅女士、中国教育学会副会长尹后庆先生、上海真爱梦想公益基金会潘江雪理事长、胡斌理事、谈杨院长、马瑞副院长与团队及多年支持与资助学习共同体发展的爱心人士，上海师范大学夏惠贤院长与团队，杭州师范大学张华教授、高振宇博士与团队，辽宁师范大学杨晓教授、吴涛博士与团队，华东师范大学安桂清教授，上海市浦东新区教育学会会长赵连根先生、上海建平中学副校长郑朝晖先生、华东师范大学附属第二中学娄维义副校长、上海市世博家园实验小学两任校长冯征峥女士和林轶女士与团队，杨浦区教师进修学院附属中学翟立安校长与团队，上海平和双语学校万玮校长与团队，上海市浦东新区东方小学两任校长王万红女士、陆虹女士及副校长余瑛女士与团队，上海市浦东中学倪瑞明校长与团队，上海金苹果学校王海瑛校长与团队，上海师范大学附属第二外国语学校李莉校长与团队，上海市建平实验中学李百艳校长与团队，上海市建平实验小学朱煜主任与团队，上海医药学校国际教育系马增彩主任与团队，上海市浦东新区万科实验小学胡春华校长与团队，上海市浦

东教育发展研究院黄建初主任、徐榕主任、曹明老师、杨海燕老师、叶建军老师、严红老师、白丽波老师、吴广伦老师、朱伟老师等同仁，全国各地自觉推进学习共同体改革的教育管理者、校长们，如林忠玲副局长、赵兰生副局长、于福奎局长、马孝波副局长、刘学民科长、梁芳科长、莫国夫主任、林莘校长、林文生校长、陈春校长、金利副校长、章宏艳校长、马东贤校长、鲁靖校长、肖蕾副校长、丁丹校长、苟小军校长以及林蒙先生，来自全国各地的优秀教育研究者，如马敏博士、冯加渔博士、段艳霞老师、张良博士等，一直长期支持学习共同体的媒体前辈——中国教育报刊总社雷振海副社长、《中国教师报》褚清源主编、《教师月刊》程晓云主任、《教育发展研究》林岚主编，更有优秀的课堂领航者们，如吴慧琳博士、郑艳红老师、芮莹老师、郭歆老师、程春雨老师、王晓叶老师、秦亮老师、郭建珍老师、陈群莹老师、潘品瑛老师、朱怀民老师、王珏瑜老师、王坚老师、张晓冬老师、曹哲晖老师、黄喆老师、李寅滢老师等等，我们有一个共同的名字——学习共同体本土化研究与推动者！

在大家的共同努力下，我们开展了如下七方面的工作：

第一，全面了解中国课堂的复杂教育生态，以全身心参与的方式，对中国教育的现实进行全方位的调研和体察，对课堂和教学改革的困境更加了解，更加明确了研究的问题域。第二，全学科、全学段、多地区、高频次的课堂观察与课例研究，确立了本土化课堂观察的基本方法，即基于焦点学生完整学习历程观察，建立了本土化课例研究的方法和范式。第三，以大量的学生学习为核心的课堂观察和课例研究为基础，进入课堂研究的核心领域，课堂研究与实践互相促进，形成了学习共同体本土化课堂样态，并形成一系列高品质的论文和论著，一些研究成果开始引领课堂研究的话语系统。第四，越来越多的教育教学专家加入学习共同体的探索中来，带领一线教师共同研究，互相学习，培养和带动了一批有境界、有能力、有前景的优秀教师，亲眼见证了青年教师跳跃式发展的过程，坚定了研究与创造取向的教师专业发展之路的必要性与正确性。第五，各个学段的学生的学习心理、认知方式的研究不断深化，在如何通过课堂变革来促进学生真实学习、深度学习方面，各个学段、各个学校学生的真实发展为学习共同体的本土化研究和实践提供了最有效的证明。第六，公益性高峰论坛已经形成系统，在公益的旗帜下，参与学习共同体的专家、学者、教育同仁的研究专注度和研究水平不断提升，论坛在业界的引领作用已经越发突出。第七，"100+"计划让更多的地区加入实践中来，开始从试点阶段进入大规模的孵化阶段，实践样态和经验更加丰富，同时教育系统本身的矛盾也更加凸显。要解决这些矛盾，需要整个社会系统和教育体系的不断发展和自省，但更需要我们这支研究队伍担负起自身的责任。

当前，中国教育已经走到了转型发展的十字路口，很多人还处在茫然和观望状态。而我们很早就确立了教育的发展愿景——让每位学生都得到高品质的学习机会。而且我们比较清楚目前中国课堂中的盲点和问题点，这为下一步发展做好了充分的准备。

以前瞻性、系统化研究引领学习共同体的迭代发展。我们将组织全国顶尖专家来牵头，进行学科本质研究（学科素养与知识地图）、学生学习心理与认知风格研究、教师专业标准与判断力、教学评价及其替代方案、在线资源的替代方案等多方面的系统化研究，并将这些研究成果转化为高品质的学习设计，从根本上解决目前教育和课堂的核心困境与问题，全面提升课堂教学质量与教师的专业能力。"坚持研究立场"是学习共同体的一贯宗旨。我们所进行研究的根本准则就是学生学习的发生与学生的终生发展，我们所有研究和实践的出发点和落脚点都来源于此。我们要与各国同行和各行业专家充分对话，互相交流，结合本土课堂生态的实际，融合本土化探索的经验，不断寻求学习共同体课堂的迭代与突破，在公平与质量的旗帜下，创造性地满足学生的学习需求，与这些课堂的亲历者一起去发掘他们的潜能，让每一个学生都有机会实现自我突破，成为卓越而快乐的终身学习者。

学习共同体研究院形成全国性研究与实践网络。学习共同体暑期研究坊、学习共同体峰会等论坛项目将持续展开，以上海为中心来支持全国的实践。学习共同体研究院将继续加强各个合作地区的走访、互动,同时为了进一步推动各地区学习共同体的发展,学习共同体研究院支持各个地区分会开展论坛、课例研究等活动,进一步辐射其他各省市,带动更多的地区进行学习共同体的本土化研究与实践。

教育几乎是所有人都在关注的民生领域,每一个家庭都相信良好的教育可以让自己的孩子成为更好的人。但是,只有走在教育一线的人真正明白做教育有多难!我们到底要把孩子培养成什么样的人,我们要为他们设计怎样的课程,要用怎样的教学方法才会让孩子有更好的发展等问题,每一个几乎都是世界性难题。而且教育要面对的是孩子,我们现在的教育如何让孩子去面临未来的社会?如果不去追问,不假思索,或许可以一成不变,但是本着对未来、对孩子负责的态度,我们又必须去追寻那个永远在前的真理。

中国目前所面临的情况更加复杂,各种矛盾、困难层出不穷,中国教育面临的挑战几乎说是难上加难。要面对教育这个关涉全民福祉的大课题,所有人必须团结起来,共同攻坚克难,互相信任、互相支持。学习共同体的愿景是三个同心圆的结构:最核心的是学生之间的协同互助,每个人都能安心地投入学习;第二层是教师之间的互相敞开、合作互学,形成教师之间的专家联盟;第三层是学校开展持续课例研究,保障学生的学习权,保障老师的专业学习机会,而家庭和全社会也参与其中,共同为学生的发展做出努力。只有这样才能让教育中的问题不断得到澄清与解决,也使教育系统中的每一个人都处在互信互助的氛围里。在我们看来,学习共同体是对教育生态的系统性改变,我们每个人既是变革的推动者,也是变革的受益者。从这个意义上说,社会中的每一个人都肩负着教育的义务与责任,我们不是社会的旁观者,而是命运的共同体。孩子的梦想就是我们的真爱,让我们相信学习共同体的力量!

陈静静

图书在版编目（CIP）数据

学习共同体：走向深度学习/陈静静著. —上海：华东师范大学出版社，2020

ISBN 978-7-5760-0196-9

Ⅰ.①学… Ⅱ.①陈… Ⅲ.①师资培养—研究—中国 Ⅳ.①G451.2

中国版本图书馆CIP数据核字（2020）第042042号

大夏书系·教师专业发展

学习共同体：走向深度学习

著　　者	陈静静
策划编辑	程晓云
责任编辑	万丽丽
责任校对	殷艳红　杨　坤
装帧设计	奇文云海·设计顾问
出版发行	华东师范大学出版社
社　　址	上海市中山北路3663号　邮编　200062
网　　址	www.ecnupress.com.cn
电　　话	021-60821666　行政传真　021-62572105
客服电话	021-62865537
邮购电话	021-62869887　地址　上海市中山北路3663号华东师范大学校内先锋路口
网　　店	http://hdsdcbs.tmall.com
印刷者	北京密兴印刷有限公司
开　　本	700×1000　16开
插　　页	1
印　　张	16
字　　数	266千字
版　　次	2020年7月第一版
印　　次	2024年10月第二十四次
印　　数	148 101-151 100
书　　号	ISBN 978-7-5760-0196-9
定　　价	49.80元
出版人	王　焰

（如发现本版图书有印订质量问题，请寄回本社市场部调换或电话021-62865537联系）